U0710694

中华先贤人物故事汇

狄青

邹贺 著

中华书局

图书在版编目(CIP)数据

狄青/邹贺著. —北京:中华书局,2024.12. —(中华先贤人物故事汇). —ISBN 978-7-101-16885-3

Ⅰ.K825.2

中国国家版本馆 CIP 数据核字第 2024GE3685 号

书　　名	狄　青	
著　　者	邹　贺	
丛 书 名	中华先贤人物故事汇	
责任编辑	董邦冠	
封面绘图	纪保超	
内文插图	纪保超	
责任印制	管　斌	
出版发行	中华书局	
	(北京市丰台区太平桥西里 38 号　100073)	
	http://www.zhbc.com.cn	
	E-mail:zhbc@zhbc.com.cn	
印　　刷	三河市宏达印刷有限公司	
版　　次	2024 年 12 月第 1 版	
	2024 年 12 月第 1 次印刷	
规　　格	开本/787×1092 毫米　1/32	
	印张 5⅛　插页 2　字数 50 千字	
印　　数	1-6000 册	
国际书号	ISBN 978-7-101-16885-3	
定　　价	22.00 元	

出版说明

　　孔子周游列国，创立儒家学说；张骞出使西域，开辟丝绸之路；书圣王羲之，留下了曲水流觞的佳话；诗仙李白，写下了"举头望明月，低头思故乡"的名篇；王安石为纠正时弊，推行变法；李时珍广集博采，躬亲实践，编撰医药学名著《本草纲目》……

　　这些杰出的历史人物，有的是在中华民族文明进程中做出过突出贡献、对后世产生过巨大影响的思想家、政治家，有的是对中华优秀传统文化的传承传播发挥过重大作用的文学家、艺术家、科学家，有的是为国家安定统一、民族融合团结和中外文化交流做出过杰出贡献的军事家、外交家……他们为中华民族的繁荣发展做出了伟大的贡献，他们的行为事迹、风范品格为当世楷模，并垂范后世。

他们是中华民族的先贤人物。他们的思想、品德、事迹，是中华优秀传统文化的结晶；他们的故事，是对中华民族的禀赋、特点和气质最生动、最鲜活的阐释；他们的名字，在五千年中华文明史上最为光彩夺目；他们为五千年中华文明史书写了最为光辉灿烂的篇章。

为了解先贤，走近先贤，我们精心组织编写了这套《中华先贤人物故事汇》丛书，以翔实可靠的史料为依据，细腻动人的故事为载体，真实地呈现中华先贤人物的事迹、品格和精神风貌，彰显他们的贡献和功绩，激发人们对国家民族的热爱，对中华文明、中华优秀传统文化的崇敬。

开卷有益，期待这套丛书成为你的良师益友。

目 录

导　读

　　狄青（1008—1057），北宋名将，字汉臣，北宋河东路汾州西河（今山西吕梁汾阳）人。他青年从军，投身宋夏战争，在今陕西、甘肃地区历经大小二十五战，中八次箭，受到范仲淹等重臣的赏识和点拨。范仲淹赠言"将不知古今，匹夫勇尔"，教导他读书增长才干。从此狄青发奋读书，从骁勇善战的将才，成长为善用兵、多智谋的帅才。

　　宋夏议和后，狄青调任河东，训练士卒，加强城防，卓有功绩。四十四岁升为彰化军节度使，从一介军兵，升至武臣最高阶。接着狄青入朝，任枢密副使。此时，侬智高在广西起事，宋军节节败退。狄青统兵南下，一战获胜，收复邕州（今广西南宁），恢复南疆和平。还朝后，晋升为枢密使。但是，由于受到文官集团的猜疑和攻讦，遭到罢免。嘉祐二年（1057）二月，在陈州（今河南周口淮阳）郁郁而终。狄青去世后，宋仁宗在宫中发哀，韩琦等重臣亲往佛寺吊唁。朝廷追封他为天水郡公，赐谥武襄，归葬西河故里。

狄青忠心报国，卓有担当，严于治军，屡建战功，是十一世纪中期北宋最具代表性的军事家。他的人生奋斗事迹彪炳史册，激励着无数后来者奋发上进，更在民间被广为传颂。

弱冠从军

1

在北宋河东路汾州（今山西吕梁汾阳）西北四十里，有一座形似雁阵的高山，因为山中泉水时隐时现，故名隐泉山。战国时，儒家"孔门十哲"之一的卜商曾来汾州治所西河县教徒授学。唐朝时，当地人为纪念卜商，便以卜商的字"子夏"命名此山。在子夏山前二十余里，有一座村庄，叫狄家社。

景德元年（1005），朝廷与契丹达成"澶渊之盟"，河东百姓不再担忧契丹骑兵南下，终于能够安享太平生活。四年后，宋真宗大中祥符元年

（1008）初秋时节，狄家社田间地头到处是忙碌的景象。这天是农历七月二十三，秋阳暖人，在村外小河对岸的农田里，村民们正在认真劳作。看着眼前的庄稼，大家的脸上挂着藏不住的笑容。只有一位村民狄普，一直心不在焉，不时朝大路方向张望。

这时，田埂上跑来一个五六岁的男童，急切地呼喊："爹爹！爹爹！"

狄普一跃而起，口中叫道："素儿，怎么样了？"原来这个男童是他的大儿子狄素。

"妈妈，生了……"狄素跑得太急了，上气不接下气地说道，"……生了二郎啦！"

"啊！"狄普扔下手里的农具，拽着狄素的手，三步并作两步地跨过河上的独木桥，向家中跑去。

进了场院，狄普先来见父亲狄真和母亲李氏。狄家是普通农户之家，但是家教甚严，虽逢大事，规矩却一点不乱。狄真已经知道又得了个孙儿，满脸笑容，吩咐狄普快去看望妻子侯氏和新生儿。

狄普转回自己的屋子，还未挑帘进屋，就听到一阵啼哭声。狄普心中暗喜："好小子，这哭的劲头着实不小。"

此时，屋中女眷、热心邻里围了一大圈，见狄普回来了，都笑吟吟地闪开身子，让狄普来到床前。妻子侯氏正虚弱地躺在床上，努力笑着，望着收生婆怀中抱着的婴儿。

收生婆转头见到狄普，立刻把婴儿递过来。狄普道声"老娘辛苦"，小心翼翼地双手接过新生儿，俯下腰，和妻子侯氏、大儿子狄素一起端详起婴儿红润的脸蛋、宽广的额头、挺直的鼻梁。一家人相视而笑，心底生出无限温暖。

低语几句后，狄普站起身，裹紧婴儿身上的襁褓，抱着他来见祖父狄真和祖母李氏。

狄真和李氏早已在屋中坐立不安。狄真碍于礼数，不能亲到儿子和儿媳房中见小孙子，此刻见狄普把婴儿抱了过来，立刻高兴地迎上前去。

李氏接过孙儿，抱在怀里，轻轻地拍着，小家伙依然不管不顾地嗷嗷啼哭。狄真笑吟吟地端详着孙儿，说道："此子五官周正，嗓音清亮，将来必会是国家的栋梁之才。"他捋了捋胡须，沉吟着说道:"想前汉时，河东名将卫青出身平民，后来立功漠北，受封万户侯，为前汉一等功臣。我这孙儿眉宇间有股英武之气，或许他日能成为又一员河东名将，也未可知。我看就以'青'为名，取字'汉臣'吧。"

此时，沉浸在喜悦之中的狄家上下还意识不到，狄青这个名字，将在数十年后传遍神州大地，受到上至皇帝、下到百姓的交口称赞。

汾州西河县是孔子高足子夏的讲学之地，有着悠久的崇学尚儒风气。宋太祖开宝八年（975）的状元王嗣宗就是汾州人。汾州地处河东路南北交通要道，历来是兵家必争之地，唐朝以来涌现出不少武将。所以，唐人孙逖的诗句"果持文武术，还继杜当阳"成了不少当地人的座右铭，杜当阳，指的是西晋名将杜预。

狄青的祖父狄真年轻时兼习文武，曾在军中效力。于是，狄青与哥哥狄素一起，在从事农耕稼穑之余，也随着祖父狄真读书习武，培养文武才干。

2

一转眼，到了宋仁宗天圣元年（1023）。这年狄青已经十六岁，继续在家中过着日出而作、日入而息的耕读日子。春季的一天，狄家上下一大早便去田里锄草犁地。俗话说"过了惊蛰节，锄头不停歇"，描绘的正是每年的春耕景象。父亲狄普和母亲侯氏怜惜狄青年纪尚小，便留他在家多睡一会儿。

狄青一觉醒来，发现家人全都下地去了，连忙起身穿衣洗漱，为全家人准备饭食。到了辰时正（相当于现在上午八点多），狄青拎起食篮，朝自家地里跑去。

乡间土路高低不平，狄青却健步如飞。这是因为他从小随大人下地干活，轻车熟路。还因为他这几年跟随祖父狄真学习弓马骑射，所以腿脚格外有力。转过几个坳沟，迎面就是村口小河，前几天下了雨，河水涨了不少，自家的耕地就在河对面。

正走着，忽然，狄青看到哥哥狄素被一群村民推搡着，正沿着河岸向自己走来。狄青吃了一惊，忙迎上去询问。

狄素脸色惨白，只是垂着头不说话。领头的耆长依然把狄青当成个孩子，咋咋呼呼地叫道："狄家二郎，你莫怕，这事跟你不相干。是你哥哥与人斗殴失了手，闹出了人命。现在先押去乡上见里正。狄家二郎，你且去告诉你爹妈，你哥哥要押去县衙吃官司了。"

狄青闻言，如遭当头棒喝，盯着狄素说不出话来。旁边熟识的村民怕他吓坏了，七嘴八舌地说出了事情原委。就在半个时辰前，狄素从田里回家取东西，走上河上的独木桥。不巧，村里一个诨号"铁罗汉"的恶霸也上了桥。桥面狭窄，铁罗汉非要先过桥，逼着狄素退回去，要是不退，就要把狄素推到河里。狄素正当二十出头，年轻气盛，和铁罗汉口角几句，便动了手。铁罗汉身体笨重，一个趔趄，竟掉进了河里。他不会水，等到被搭救上岸，已经人事不省。所以耆长带人押着狄素，准备去报官。

狄青看着哥哥追悔莫及的神色，想了想，转身对耆长道："这件事你们搞错了，刚才是我与铁罗汉争斗。我哥哥事后才过来，你们抓错了人。"

耆长很诧异，吩咐众人放开狄素，然后过来绑狄青。他将信将疑地问道："狄家二郎，你莫诬骗我，你既然杀了人，为什么不逃跑，返回来做甚？"

狄青把食篮交给狄素，语气平静地对耆长道："因为我不知道铁罗汉已死，我不会逃跑，你们先别绑我。如果我把铁罗汉救活，那就不是杀人大罪。"

耆长想了想，觉得狄青毕竟是一个孩子，众目睽睽之下肯定逃不掉，就领着狄青返回岸边。只见铁罗汉躺在地上，肚胀如鼓，脸色铁青，一动不动。

狄青伸手探了探铁罗汉的鼻息，果然感觉不到呼吸。不过，狄青的手触碰到他的脖颈时，似乎感觉到一丝温热。狄青想起祖父狄真讲过人死后的特征，心里有了主意。

狄青一手抓住铁罗汉前胸，另一手抓住他的腰带，将铁罗汉面朝下、背朝上举了起来。狄青在心中默念："我若命不该绝，来日还有福报，这厮便能苏醒。"此时，狄青的手托住铁罗汉的肚子，一挤压，铁罗汉立刻从口中喷射出大量河水。众人一阵惊呼。狄青就势继续用力，铁罗汉不停地大口吐水。待铁罗汉不再吐水，狄青才把他放回地上。又过了片刻，铁罗汉已经睁开双眼，恢复了生机。

狄青长舒一口气，狄素激动地大声呼喊。旁观众人都觉得神奇。耆长当场宣布此事属于普通纠纷，无关人命，不必押送狄青见官了。

狄家的一场大祸，就这样戏剧性地化解了。狄青的事迹迅速在狄家社村民中间传播开来，人们都觉得狄青绝非常人。有人欣赏他敢于替兄担罪，也有人夸赞他处事冷静，甚至还有人传言他有起死回生的本领。狄青俨然成了狄家社村民的骄傲，深受大家重视。

3

又过了四年，到宋仁宗天圣五年（1027），狄青已经成为挺拔健壮的青年，经过长年的学习和劳动，他的眼界、才识、气质都有脱胎换骨般的变化。依照当时的规定，男子二十岁成年，叫成丁，除了纳税，每年还要到官府服役当差一段时间，因为狄青通文墨，便被派去做乡书手，协助官府征税。

北宋时，农户的田赋在一年中的夏、秋两季征收，大约是每亩地收一斗粮食，此外还有人身税及各种杂税。里正、户长、乡书手要按照官府登记的土地情况，核对每户人口等信息，征收粮食或钱币、绢帛等，任务繁重。狄青第一次出来应差，打起了十二分精神。他认真核对钱粮账簿，每天都要在县衙忙到掌灯时分。

这一天，狄青核对狄家社一户富户的田赋数量，发现土地亩数与征税数额不相符，他详细记录下来，跑去见里正。

来到里正的廊屋，只见里正和户长两人正在玩双陆棋赌博。户长一见狄青进来，先叫道："汉臣来得正好，来帮我们点筹如何。"

狄青叉手道："实不相瞒，我方才核算账簿，发现狄家社一大户田赋数量不对，烦请二位拨冗重审。"说着递上手中的账簿。

狄青来到里正的廊屋，只见里正和户长两人正在玩双陆棋赌博。

里正抬头看看狄青，伸手接过账簿，速速看了几眼，没有说话，递给户长。户长把账簿合上放在一边，起身给狄青倒了杯茶，对狄青说："汉臣坐下说话。"然后坐在狄青对面，说道："汉臣着实辛苦了，数日来殚精竭虑，这数百家的田亩、丁口，资料芜杂，要想保证无一算错，又谈何容易，实在难为你了。想你准是一时眼花，出了差错。这没什么，我们老哥俩替你重新核算，汉臣你且回去歇息吧。"

狄青听户长前面几句还在夸奖自己，怎么后面却话锋一转，变成了失误算错？他当即摇头，道："我至少算了三遍，不会有错。"

户长皱皱眉，回头看里正。里正倒背着双手，踱了过来，站在狄青身侧，看着狄青，说道："汉臣哪，你还是太年轻。也罢，咱们都是乡里乡亲，以后还要共事，我也不瞒你了，这家大户的确篡改了田亩，隐瞒了丁口，少交了赋税，但是他们随时可以把土地转给寺庙，给丁口另立新户，只不过是几道手续罢了，咱们能拿人家怎么办？"

户长接着说道："汉臣，我给你讲，这些巧立名目、隐瞒作弊的手段多了去了，根本无法查证。他们看得起咱们，每年征税时打点一下，咱们好歹能得些油水。咱们哪，糊弄过去算了。"

狄青低头咬着嘴唇，他想起祖父讲的儒家正心诚意之说，也想起父亲每天踏实劳动的生活态度，显然，这些都与眼前的境况格格不入。想到此处，狄青一字一顿地说道："我不能违背天理良心，此事定要向上禀报。"说罢起身离去。

里正、户长皆是一愣，想不到狄青如此态度。看着狄青的背影，里正暗暗握紧了拳头。

第二天，狄青刚起床，就有差役过来，说知县传唤他立即过去。狄青不敢怠慢，急忙来到知县的书房。一进屋，却见里正、户长也在，狄青立刻意识到与昨晚的事有关，一边盘算，一边恭谨地向知县行揖礼。

知县板着脸道："狄青，今有里正、户长检举你私收贿赂，篡改账簿，证据确凿。本县念你初犯，罚臀杖八下，缴纳罚款，延长服役时间。"

狄青气不过，叫了声："明府明鉴，小人冤枉！此事原是里正、户长与富户勾结，又不许小人声张，现在反来诬人清白……"

知县不耐烦地挥挥手，道："休得妄言，里正、户长乃熟手老吏，数十年负责本乡税收事务，难道不如你这毛头小子知晓利害？速速补齐罚款，再敢信口雌黄，本县决不轻饶！"说罢，拂袖而去。

两名差役过来架起狄青的胳膊，把他拖拽到庭院中，按在地上，打了八下臀杖。好在狄青年轻，练过拳脚，挨过臀杖后，仍能一瘸一拐地回到自己的廊屋。他趴在床上，一声长叹。县衙里熟识的友人们找来郎中敷药救治，都劝狄青不要跟里正、户长作对。

皮肉伤愈合得很快，狄青在屋中休养几天，就没事了。这天晚上，狄青睡不着，想起知县冰冷的眼神，还有里正、户长得意的神情，心里更加憋屈。此刻的他已经不关心大户逃税一事的真相，而是对官场的尔虞我诈充满了厌恶。他想：除非遇到清官好官，否则我今后坚持原则，还会遭到惩罚。而如果我与里正、户长同流合污，又违背了自己的良心。

狄青想起祖父狄真平时教导自己读书习武的情景，心中暗叫：翁翁，您老人家教导我的文才武艺，难道就没有施展之处了吗？

想到这里，狄青突然双眼一亮：对啊，西河县山高地远，没有我用武之处，我何不去东京开封投军？凭我的才干博取一官半职，总好过平白受这些文官、乡绅欺侮！

年轻人想到就干，他起身收拾好衣服、盘缠，然后倒头迷迷糊糊睡了一觉。第二天天一亮，趁着城门刚开，便出了西河县城，走上官道，一路南下赶往东京开封投军去了。

4

北宋天圣五年（1027），仁宗赵祯登基御宇整五年，将满十八岁了，不过朝政依然由皇太后刘氏决断。垂拱殿上的辩论、质疑与争议，这个时期尤其激烈。

这一年京城开封天气热得特别早，才到三月，不少人已经脱去襕衫、直裰，换上半臂、褙子，走上街头，欣赏晚春景色。在蓝天白云之下，东西方向横穿开封的金水河碧波轻荡，两岸各种花次第开放，红白紫黄，色彩缤纷。形形色色的人物、建筑、草木、鱼虫，为开封增添了无限生趣。

三月二十四，城中男女老少、官民贵贱，各色人等，早早起床洗漱出门，涌向宫城大内东南门东华门外。刚到辰时初（相当于现在上午七点），便聚集了数千人。人们脸上都是笑逐颜开，充满期待的表情。肩挂背搭的行商小贩，起劲地奔走叫卖。到底宫城大内里面发生了什么事情，能激起全城官绅百姓如此大的兴趣呢？

不断有闲汉、商贩围拢过来，人越聚越多，后来的人往前挤，前面的人轻易不让，一时间叫骂声、喊叫声此起彼伏。宋代刑律规定：乱闯宫门，判处徒刑两年。眼见看守东华门的十余名皇城司军校已经无法维持秩序，如果围观百姓再向前迫近，势必发生冲突。

就在这时，人群外一阵骚动，一队戎装的军兵迅速将人群推开，分出一条通道，来到东华门前。另有几队军兵高声呵斥围观人群，认准闹得最凶的几个泼皮，生拖硬拽出圈外，按倒在街道上。这队军兵约有四五百人，威风凛凛，神情严肃，他们并肩而立，形成一道人墙，很快控制了局面。

这队军兵着装统一，头包紫罗头巾，身着红绸衫子，外穿带甲褙子，腰扎红绢勒帛，下着白绢裤，脚穿麻鞋，手擎长枪、弓弩，腰佩刀剑、铁鞭。身上的褙子写着军号"殿前司拱圣军"，眼尖的百姓还看到他们侧脸鬓角边的两行黥文：拱圣第二十一指挥。禁军是北宋主力正规军，分为殿前司、侍卫马军司、侍卫步军司三大部队。各部队编制，从上到下分为厢、军、指挥、都。

人群霎时一静，闲汉们不敢再推搡喊叫。

过了午时，从东华门里走出来一大群书生，或高或矮，或胖或瘦，神态各异，举止端庄。围观百姓再度活跃起来，不由自主地向前拥。拱圣军士卒高声喝止，牢牢地阻挡着人群。

大家不理会那些军兵，只顾交头接耳，有的说："看那个，真年轻！"还有的说："那个人胡子都白啦！"更多人在问："是哪个？"很快，所有人的目光集中到一名面带笑容的青年身上。围观人群中响起接二连三的赞叹声："状元叫王尧臣！""才二十五岁！""应天府人！"

原来，今天是丁卯进士科崇政殿唱名赐进士第的日子，这一科录得进士三百七十七名，其中第一名就是王尧臣。王尧臣风华正茂，才气不凡，名声早已不胫而走，如今高中状元，更是满足了所有人的好奇和期待，立时成了最受开封百姓追捧的偶像。

新科进士们互相道别，各自离去。百姓们或跟随，或回家。拱圣军第二十一指挥的军兵们，终于可以收队回到驻地。同在一处营房中的几个年轻新兵，谈论起新科进士，尤其是年纪相仿却贵为状元的王尧臣，不胜感慨。

只听一名粗壮汉子道："我与那新科王状元同乡同庚，他今日金榜题名，我却是一个军卒，身份真是天壤之别。"

旁边一个精瘦的年轻人讪笑道："焦用，你也好意思拿自己跟王状元比，人家是'状元'，你是'赤老'，人家来日封侯拜相，你却是战死疆场，尸骨无存。"当时军队中鱼龙混杂，不少地痞、罪犯为了混饭吃或脱罪参军入伍，导致世人普遍轻视军卒。人们见军人们普遍穿红色、紫色军装，便蔑称为"赤老"。

焦用瞪眼叫道："贾逵，你小子净说晦气话，真上了战场，肯定是你这细皮嫩肉的小白脸先没了性命。"

在众人的叹息、牢骚中，忽见一名容貌俊朗的年轻军兵从容说道："状元也好，赤老也罢，终归是要看个人才能怎样。"

众人听了这话更加愤愤不平，焦用嚷嚷道："我们这些武夫怎能和读书士子比才能？只有读书科举是才能，走马射箭又算不得才能。"

贾逵看着这名军兵，问道："汉臣，我记得你识文断字，为何要来投军？"

焦用等人闻言，都望向这个军兵。

这个叫汉臣的青年，当然就是狄青。贾逵的提问，令他一时难以回答。几个月前，自己因为气不过里正、户长的诬告，为逃避知县处罚，从家乡汾州西河县来到都城开封，投军入伍。如此隐情，自然不能当众说起。

狄青搓着手，皱着眉，说道："我家乡有个恶霸铁罗汉，一向欺压良善。四年前，我大哥将其击落河中，差点将他淹死。我救了这泼皮一命，不想他怀恨在心，后来竟买通官府，诬陷我行凶杀人。无奈之下，我只得避祸他乡。"

焦用、贾逵和众人听了，纷纷感叹造化弄人，忙说些闲话来安慰他，又聊起各自家乡的见闻趣事，并没有人怀疑狄青的话。

焦用、贾逵都是质朴汉子，颇为同情狄青的遭遇，几个人越聊越投机，于是三个人按照军中习惯结拜为兄弟，焦用年纪最长，狄青次之，贾逵比狄青小两岁，排在最末。

开赴鄜延

1

维持东华门街道秩序只是个临时任务，禁军作为主力作战部队，主要职责是宿卫京城、轮戍地方，平时训练备战。进入夏季后，天气燥热难耐，不过禁军的训练依旧紧锣密鼓地进行。这一天，在开封西教场上，一面面旗帜迎风招展，鼓声、号令声此起彼伏，原来是拱圣军下辖各指挥正在训练编队行进。

北宋禁军各部队招募士兵，对身高有比较严格的要求，像拱圣军要求身高在五尺六寸五到五尺七寸之间，约合今天的1.75米到1.76米。正式入伍后，还要在脸颊上刺字，称为黥面、涅面。按照当时禁军编制，一个指挥辖五个都，一个都一百人，不过各部队很难满员，所以拱圣军第二十一指挥实际只有四百余人。

宋军一直缺马，像拱圣军名为马军，实际却成了步军。当时马军一个都中，包含枪手、弓弩手两个兵种，枪手有十三人，弓弩手有八十余人。狄青身手矫健，在拱圣军第二十一指挥第一都担任枪手。

第二十一指挥第一都主官军使、副手副兵马使，率领全都列队。狄青、焦用等枪手坐在队列第一排，贾逵在后面弓弩手队列中。随着鼓声变化，枪手起立向前，弓弩手跟进。接着，队形又依次变成一字形、人字形。在各都训练之后，第二十一指挥主官指挥使、副指挥使集合全指挥合练，最后参加拱圣军数千人合练，按照阵图排列成大型军阵。

这样的阵形训练枯燥乏味，军兵们很难长时间保持注意力，在阵形变化的过程中，有军兵跟不上鼓点，就会遭到本都军使、副兵马使等军官提醒呵斥，严重的还会挨军杖。

一晃大半天时间就过去了，终于可以就地休整了。有些纪律涣散的军兵丢开兵器，解开衣甲，大大咧咧地坐在地上。第一都军使是个老将，性格严肃，远远见了，骂道："这些泼才！吃穿都是朝廷供养，却在教场上做出如此丧气的举动，看我不打他一顿军棍！"

狄青不解，偷偷问焦用："为什么军使如此生气？"

焦用笑道："二弟未上过战场，有所不知，放下兵刃，脱下衣甲，坐在地上，这是战场上投降的姿势。实在晦气，难怪军使会动怒。"

狄青还想再问些战场逸闻，军使已经招呼大家起来，开始训练。枪手练习挥举长枪，叫盘弄，弓弩手练习开弓放箭。

狄青练得很认真，他本身就有功底，把手中大枪挥舞得虎虎生风。军使站在旁边见了，不住点头。待一套动作练完，军使叫住狄青，指点道："狄青，你盘弄长枪的招式十分娴熟，显然下过功夫。只是动作尚有迟滞。这是你不如焦用之处，假如上了战场，他靠蛮力压住你的枪，你就使不出招式了。"

狄青叉手称喏，想了想，回话道："禀军使，我有一招，可胜焦用。"

军使眉毛一挑，道："狄青，有好胜心是武人的优点，但不可狂妄自大。你年纪轻轻，没经过战场厮杀，怎能胜过有经验的老兵？也罢，你与焦用换过木枪，就在这里较量一番。"

第一都军兵的注意力一下被吸引过来，众人围拢成一个圆圈。狄青和焦用各执木枪，相对而立，相互叉手施礼。两人目光对视，缓缓移动脚步。忽然，焦用肩膀一晃，出枪取狄青胸口，狄青立即摆枪格挡。

其实这是焦用的虚招，他瞅准狄青枪杆的运动方向，猛地双臂加力，向狄青的木枪扫了过去。

如果狄青的木枪被磕到，必然脱手。狄青无法应变，只能后撤一大步，双手持枪的姿势完全变形。

焦用面露得色。虽然不是生死相拼，但是争强好胜是军人的天性，焦用抢得先机，随之跨上一步，挺枪再刺。

焦用抢得先机，随之跨上一步，挺枪再刺。

狄青似乎已经没有办法化解焦用的进攻。出人意料的是，狄青就那样歪斜着身体，却把手中的枪也同时刺了出去。

军使一皱眉，看出这不是平常训练所教习的枪招，而是与敌同归于尽的招式，心中暗想：原来狄青的功夫并不扎实过硬。

然而，此时焦用的枪却擦着狄青肋下划了过去，并没有刺中。而狄青几乎同时刺出的枪，却正刺中焦用左腹。

胜负已分，旁观众人发出一阵喝彩。大家几乎都替焦用惋惜，本来已经掌握主动，最后一枪却刺偏了，反被狄青偷袭得手。

军使皱着眉头，走近狄青，说道："你刚才就是在展示怎样一招战胜焦用的臂力？"

狄青沉声答道："军使好眼力，不错，小人的制胜招式就是：一刺必中。不论身形、手势如何不标准，我的枪头能刺到敌人，就能得胜。"

军使露出赞赏的神情，频频点头。

狄青接着说道："禀军使，小人投军以来，眼见枪手练习左右盘弄，弓弩手练习开弓发力，却都忽视了刺中和射中的问题。比如枪手刺出，强调枪身平直，双臂舒展，可是枪头落到哪里？如果刺不中敌人，这些训练又有什么用处？还有那弓弩手，整天练习左右开弓、转身后射这些杂耍动作，却忽视了一击必中的准头训练，如何在战场上杀敌？"

军使抚掌大笑，口中道："好小子，会动脑筋，他日若有机会上战场厮杀，必能建功。"转头看看正围着焦用热烈讨论的军兵们，说道："可惜啊，狄青，现在是太平年岁，我等武人终日习武操练，却未必有机会上阵杀敌。所以这些招式动作，最多也就是给官家和朝廷检阅，扬我朝军威，并非能在战场上一搏生死。"

狄青默默地看着军使，又转头看着夕阳下的军旗，心中暗想：我投军入伍，却一直没有机会上阵杀敌，那么我今后的人生，是否会像军使一样老于平庸？

二十岁的狄青此时还不知道，自己的困惑要一直持续十一年。

2

　　狄青凭着出色的武艺和才干，在拱圣军中逐渐脱颖而出，屡次受到嘉奖，得到了上司的赏识。他接着又被选拔入殿前诸班，也就是御前骑兵卫队，主要负责宿卫皇宫、出行仪仗。狄青本来隶属于拱圣军，也就是马军骑兵，但是入伍后一直没有马，直到被选入殿前诸班下属散直右第一班，才终于成了名正言顺的骑兵。

　　他终于敢跟家里通信，说了在开封的境况，全家上下十分欣慰。狄青的军俸得到很大提高，又过了几年，就在开封城中安了家，迎娶了妻子魏氏，有了狄谘、狄詠两个儿子。

　　时间到了宋仁宗宝元元年（1038），过了冬至，很快到了十二月，年终岁尾，眼见又将迎来元旦。元旦、寒食、冬至是当时最重要的三大节，开封城中酝酿着欢乐喜庆的气氛。这一天凌晨，刚到五更初（相当于现在凌晨三点多），狄青全身披挂，牵着马，准时来到大内宫城正南门宣德门当直。前几天，狄青趁着无事告了假，陪着妻儿到处逛了逛，省得元旦前后朝廷各项活动繁多，不能陪伴家人。后半夜的西北风如刀片刮脸，刮得人耳、鼻、手通红。狄青从家一路行来，想着娇妻幼儿，心里却十分温暖。他心里盘算，等下了直，再去大相国寺给妻儿添买些时新衣物。

可巧，今天焦用、贾逵和狄青共同当直，兄弟三人按照程序，先向带队的指挥使通报姓名、军籍，然后牵马站到当直军兵的岗位上。这个时间，朝臣们还没有来到宣德门旁边的待漏院准备上朝，禁军们有时间聊聊天。

焦用压低声音道："二弟这几天告假在家，还没听说吧？昨天陕西延州（今陕西延安）上书，说党项元昊称帝了！"

狄青一时没有回过神来，片刻前他满脑子想的还是居家生活，怎么也无法一下子转变到国家军政上，于是迟钝地问道："什么？"

焦用对军国大事所知有限，一时说不清楚。旁边贾逵接过话茬，三言两语给狄青解释了事情的来龙去脉。

原来，在陕西北部定难军（相当于现在陕西绥德以北，甘肃、宁夏东部，内蒙古南部地区）生活着党项族。北宋初年，首领李继捧降宋，可他的族弟李继迁却与北宋开战，并且逐步壮大势力。后来，李继迁之孙元昊成为党项首领，他极有谋略，团结部族，招揽人才，势力不断增长。宋仁宗宝元元年七月，元昊召集诸部会盟，十月，称帝建国，也就是历史上的西夏。

贾逵感慨道："想那元昊之父李德明长期接受我朝封赐，元昊自己也接受我朝官号、爵位，竟然敢公然反叛。如今朝廷内外群情愤慨，都说要兴兵讨伐。想不到啊，国家要打仗了。自从'澶渊之盟'以来，朝廷已经三十四年没有开战了。"

狄青思考半晌，激动地说道："如此说来，元昊与我朝关系破裂，大战在即了？"

焦用说道："正是如此，不过党项军力有限，必然不堪一击。"

狄青双眼放光，道："大哥，我等武人，报效国家是天职。如果开战，你我兄弟就有机会上阵立功了！"

焦用一听，恍然大悟道："着啊，我怎么没想到。唉，都是终日站岗巡逻把我站傻了。"

这时，有一队禁军朝宣德门走来，三人不再交谈，各自站回自己的岗位。

狄青站在寒风中，放眼西北天边，仿佛听到那里传来了马嘶人喊，战鼓阵阵。他感到心里的武人之魂被唤醒了，恨不得立刻挺枪上马，一步跨进延州城。

很快，宋仁宗宝元二年（1039）正月，元昊遣使通告北宋朝廷称帝之事，这等于是下了战书。北宋朝廷瞬间沸腾，宋仁宗派出前枢密副使范雍前往延州前线，准备对西夏作战。同时，动员驻扎开封的禁军各部队加紧训练。战争的脚步越来越近。

阳春三月，开封春光明媚、绿意盎然，宫城里，红墙绿瓦掩映下，各色花朵次第开放，春风袭人，不愧是盛世美景。宣德门背后的北宋皇宫建筑群，约有四十余座宫殿，各有用途，比如垂拱殿是皇帝每日上朝的地方，迩英阁是皇帝听大臣和儒生讲论经史的地方。其中有一座崇政殿，在五代时名为"讲武殿"，是皇帝检阅禁军的地方。到了宋朝，宋太宗将讲武殿改名为"崇政殿"，成为科举殿试的场地。殿名和用途的变化，宣示了宋朝意图扭转唐末五代以来藩镇武将权力过大、屡屡统兵犯上的局面，开始施行"崇儒"政策，重视文官、压制武将，武将的地位和声望，从此急剧下降。但是今时不同往日，大战在即，崇政殿恢复了八十年前的功能。这天，骑兵、步兵分列队伍，枪手、刀手、弓弩手整装待命。宋仁宗面容严肃，端坐在崇政殿中，检阅禁军，选拔精锐。

当然不可能安排全部禁军入宫，有机会得到宋仁宗亲自选拔的是狄青所在的骑兵殿前诸班等皇宫宿卫禁军。崇政殿的殿前广场上，军兵们按照宋仁宗的祖父宋太宗亲自制定的"平戎万全阵"阵图，有条不紊地整装列队，结成前、后、左、右、中五阵。广场上满眼都是禁军红色、紫色军服，仿佛绽开了一朵巨大的五瓣梅花。

中军是步兵，排成三个方阵，前、后、左、右四军是骑兵，每军分为前后两排队列。虽然"平戎万全阵"在对契丹作战中作用有限，但依旧被认为是克敌制胜的精妙阵法。

狄青和焦用骑马持枪，在前军第一排，贾逵作为骑兵弓弩手，依然在后面。随着鼓声，各军将领指挥麾下骑兵、步兵变换阵形。先是前、后、左、右军第一排与第二排换位，最后是前军变为左军，左军变为后军，后军变为右军，右军变为前军，步兵庞大编队居中的总体格局没有变化。狄青等骑兵小心地操控着军马，生怕在官家面前行差踏错半步。

宋仁宗在殿宇高处，见"平戎万全阵"阵形厚实，移动平稳，阵中将官军兵精神昂扬，脸上不禁露出赞赏的微笑。

旁边陪驾朝臣们赞颂道："祖宗神武，设此万全之阵，陛下之幸，社稷之幸。王师出征，元昊小丑很快会被诛灭。"

崇政殿演武已毕，宋仁宗当场颁下诏书，提拔一批军中精锐。一名军头司将官站在崇政殿廊檐下，大声宣读出一系列得到擢升的军兵名字。第一名是步兵弓弩手挽弓臂力第一的郝质，直接晋升为从八品武官。狄青、焦用和贾逵作为骑兵没有太多表现机会，但也被提升为三班差使，属于无品级的武官。至此，狄青入伍十一年，终于从最初的军兵，升为了武官。

崇政殿演武和选拔到此结束，将士们山呼万岁，他们知道，自己很快将被派往西北前线，那里有更大的风险和更多的荣誉在等待着他们。

3

崇政殿演武后，狄青回到家中，把家事料理妥当，立刻返回大营。他现在是军官，只是还没有自己率领的部队，受命在一个指挥中协助指挥使管理军兵。很快，接到开拔命令，狄青、焦用被派往延州，贾逵被派往环州。

在宋夏交界地带，横亘着绵延两千余里的横山，号为"山界"。西夏元昊南下进军最便捷的路线，就是穿过贯通横山的多条山道。北宋沿横山设置了鄜延路（治延州）、环庆路（治庆州）、泾原路（治渭州）、秦凤路（治秦州）四个经略安抚司。其中秦凤路毗邻青唐唃厮啰，泾原路、环庆路地势险要，朝廷部署了重兵，而鄜延路地势开阔，城寨分散，所以，延州就成了西夏军南下首选目标。此时，坐镇延州的宋军统帅，就是前枢密副使范雍。

范雍本是文官。"澶渊之盟"达成后三十余年，北宋刀枪入库，马放南山，军兵们全无用武之地。而一批批书生通过科举，步入仕途，给朝堂和社会带来儒雅平稳的风气。一代代武人年华老去，褪去了英气和担当，只知道安分守己地在文官们帐下听差办事。

狄青随着部队从开封出发，沿着驿道一路向西，经过西京河南府，也就是洛阳，到达陕县，进入永兴军路地界，继续西行来到潼关，然后进入华州，过了灞水，就是京兆府城。从京兆府转向北，经过耀州、坊州、鄜州，才能抵达延州。漫长的行军途中，各部队军官除了管理部下、监督粮饷，还要警惕军兵逃窜。那些未经战阵的新兵，难免对生死未卜的前线心生怯意。一些人或者在队伍中散播动摇军心的谣言，或者趁着队伍扎营休整时逃之夭夭。一路上，狄青尽职尽责，反复要求军兵互相监督。

过了京兆，道路变得崎岖。已经进入初夏，雨水增多，土路被先行出发的其他部队踩过，更加泥泞难行。疲惫、紧张、恐惧……军队里的多种情绪逐渐爆发。面对这种情况，狄青十分小心，晚间休整时也睡不踏实，双眼熬得通红。

这一天部队冒雨行军，到了傍晚扎营休息。狄青顾不上歇息，给马喂了干大麦，又给马饮了水，然后才回到自己的营帐。刚脱下湿漉漉的靴子，帐帘一挑，有人闯了进来。只见焦用咧着大嘴，笑道："来来，今天从我们指挥使那讨到二斤凤翔府美酒，咱哥俩喝了驱驱寒。"焦用现在在另一个指挥中带兵，在狄青所在指挥的前面行军。

狄青请焦用坐下说话。两人也不见外，胡乱用枯树枝点火热酒，喝了起来。几杯下肚，狄青赞道："人说陕西凤翔府有三绝：手、柳、酒。分别是女子手、翠柳和美酒，这酒果然名不虚传。也不知此一去延州，是否还有机会痛饮哪。"

焦用总是直来直去，说道："你我是武夫，学那些'毛锥子''穷措大'们感时伤怀做甚。""毛锥子""穷措大"都是五代时武将对文士书生的蔑称，北宋时文官地位提升，已经很少有人敢这么称呼文人了。顿了顿，焦用忽然笑了，道："要喝酒有何难，一来在疆场上立功受赏，再者动脑筋发些小财。像我们指挥使一样，还没上战场，一路上已经得了不少钱财，岂不美哉！"

狄青颇感好奇，问道："此话怎讲？"

焦用一边喝酒，一边说道："两天前抓了两个逃兵，一审，知道是其他部队的军兵，在外逃亡五六天了。我把他俩移交给我们指挥使，不过，指挥使没处置他们，直接收留在了队伍里，顶了我们指挥的兵额。"

狄青思索着问道："按照军规，逃亡超过三天的军兵要斩首。指挥使如此行事，或许是为了补充战力？"

焦用嘿嘿笑了，道："二弟你还是经验少，我给你说，隐匿逃兵是将官们常用的手段，只消私下叫军医官用药水抹去逃兵脸上的黥文，改成新的番号，便查无对证了。将官就可以借机克扣这些逃兵的钱粮，中饱私囊。这些逃兵畏死，只能听将官摆布。"

狄青暗暗吃惊，想不到禁军内部竟有如此黑幕。他想了想，语气真挚地对焦用说道："不管旁人如何，我绝对不会如此行事。军纪不严，士卒心存侥幸，战场上必然士气涣散。纵容逃兵不对，克扣军饷更是错上加错，如果以后我手下有人敢如此，决不轻饶！"

焦用不以为然地说道："这个自然。不过呀，军中这样做的将官多矣，实在是法不责众。二弟你文武全才、胸怀大志，哥哥我十分佩服，但是说起这军中各种门道，还要多多留心，否则白出来卖命，还会吃了大亏。"

狄青看着焦用满不在乎的脸，陷入了深思，他不赞同焦用的想法，更不希望自己兄弟沾染军中陋习。不过世事难料，究竟谁对谁错，只能来日见分晓了。

经过一个多月的行程，终于抵达延州城。各支军马来不及休整，就分别接到主帅范雍的将令，或者留在延州，或者进驻各城镇。狄青、焦用等接到的命令是率部队进驻保安军，接受鄜延路钤辖卢守勤调遣。狄青、焦用等不敢怠慢，立刻赶赴保安军。

初次带兵

1

保安军在延州西一百五十里，北境与西夏接壤。宋真宗在位时，元昊父亲李德明与宋和好，在保安军设置榷场，进行物资贸易。当地聚集了不少蕃汉部族，曾经自发击败了党项二百多人部队的侵扰。对元昊来说，欲进兵延州，必须先拿下保安，否则就可能被宋军截断退路。

此时，驻扎保安的主将是鄜延路钤辖卢守勤。狄青、焦用等率领增援部队来到保安后，受他直接指挥。卢守勤并不住在营中，而是征用了保安城中一处大户的宅院。狄青等人来到门前，只见一排卫兵分列在两旁，倒也军威雄壮。狄青等人递上枢密院的文牒以及名刺。门吏进去通报，半晌出来，叉手传话道："钤辖身体抱恙，今天不能理事。请各位回营，明天卯时初（相当于现在早上五点多），钤辖赴东门检阅诸军。"

狄青等人只得返回驻地，准备明天接受检阅。

第二天一大早，各支部队在保安东门外整装列队。卢守勤一身戎装，出现在城门楼上。他的背后竖起大纛旗，红底黑字上书："六宅使鄜延路兵马钤辖卢"。按照北宋军制，将领的官职包括官阶、军职、差遣三部分，武官官阶相当于军衔，军职是指在禁军中的身份级别，差遣是在前线部队中的实际职务。六宅使是官阶，兵马钤辖是差遣。在陕西各路主帅经略安抚使以下，依次是都部署、部署、钤辖、都监、监押、巡检等。

随着卢守勤挥动令旗，各军开始演习阵形，然后在城楼下依次行进。这些禁军平时在开封城中除了执勤，都是在教场演习，所以行动起来驾轻就熟。狄青等将官平时对部队督促严格，因此队形整齐，军士精神饱满。有些部队则骄纵难驯，因此动作就散漫许多。

狄青坐在马上，偷眼向城楼上看，见卢守勤指指点点，让部下记录着什么，神情颇为认真。

约莫过了两个时辰，军演已毕。有军吏跑下城楼，传唤狄青、焦用等禁军将官。狄青等不敢怠慢，赶快跑上城楼，站到卢守勤面前，叉手行礼。

只听卢守勤说道："诸位将官忠勇可嘉，必能在此地歼灭敌寇，建立功勋，上报官家洪恩，下慰百姓之心。"说罢向部下使个眼色，旁边军吏展开一张文书，依次念出每个人的名字及委任职务。狄青被任命为振武军第十一指挥指挥使，焦用被委任为狄青的副手副指挥使。宣读任命已毕，禁军众人或欣喜，或纳闷，或不服，再次叉手领命。卢守勤并不多言，转身就要迈步下城楼。

狄青忍不住叫道："下官斗胆，敢问钤辖有何将令赐下，我等尽心奉行。"一抬头，正与卢守勤目光相对，却发现他面上光洁无须，才知道顶头上司原来是位宦官。

卢守勤略作沉吟，道："诸位约束兵马，演练阵图，一切听候范帅调遣就是。"说完再不停留，急匆匆走下城楼去了。

城楼上禁军众人满是疑惑，却无法细问，只能各自散去。

振武军是步兵，辖五个都。北宋时，骑兵部队的都，主官叫军使，步兵部队的都，主官叫都头。狄青和焦用来到振武军第十一指挥营房，只见兵器随处乱放，粮草和杂物堆放在一起，士兵们有的在休息，有的正聚在一处聊天，全然没有大战之前的紧迫感。焦用薅起几个打瞌睡的军兵，命他们去找五个都头来见新任指挥使。过了大半个时辰，来了四个都头，其中一个身上还穿着便装。向狄青通报姓名后，其中年纪大的第一都都头叉手回话道："禀狄指使，第五都都头尚在城中，眼下军兵正在四下寻找，今天晚间定能寻到，前来回事。"

未待狄青开口，焦用忍不住吼了起来："哪里来的散兵游勇，亏得平时食君俸禄，就是这样忠君爱国的吗？他还待在城里，要等我等亲自去找他吗？"焦用被任命为副指挥使，心里或多或少有些不甘，所以一股邪火都发到了四个都头身上。

几个都头神色一变，都看着焦用。年纪较大的第一都都头开口说道："焦指副有所不知，我等驻防边地的禁军，与你等从京师过来的禁军不同，我等都是在驻地成家，所以没有操练任务时，便各回自家。若狄指使有将令，我等定当回营待命。想那第五都都头，是出营回家去了。"老年都头加重了"狄指使"三个字，意思是这里还轮不到焦用说话。

焦用正要发作，狄青说道："传我将令：明早卯时初，全指挥营地外集合操练，误时不到者，严惩不贷！"

四个都头与焦用一起叉手称是，有军吏引着狄青来到指挥使营帐，狄青立刻开始核查军兵人数、粮草器械等资料。直到深夜，狄青依然在核对各项收入支出账目。

这时，帐帘外传来一声禀报，说是都头们前来求见。狄青应声叫他们进来，只见老年都头领着一个满身酒气的中年人走了进来，介绍说，这位就是白天没有过来的第五都都头，现在终于回营。中年都头扑通一声跪在地上。北宋时，下级见上级并不需要行跪拜大礼。中年都头并不是真想给狄青下跪，只是酒醉腿软，支持不住。狄青厌恶地一挥手，叫军兵把他架回自己的营房。

老年都头站在一边，见军兵把第五都都头架走，帐中只剩下狄青和自己，才趋前一步，压低声音对狄青道："禀狄指使，小人在军中多年，熟知本指挥钱粮收支虚实，这里另有一份钱粮账目，呈给狄指使过目。"说着从怀里掏出一本小册子，双手递给狄青。

狄青接过细看，原来里面记载了各都缺额、吃空饷名单，前任指挥使及都头吸纳逃兵、克扣兵饷等细节。狄青看得双眼发直，暗暗咬紧牙关。

老年都头又说道："这是几位都头及管事军吏孝敬狄指使的厚礼，今后这些空饷等钱粮收支，听凭狄指使分配，我等绝无异议。"言下之意，这些账目，今后狄青可随意支配，大家共享好处。

狄青不露声色，挥挥手，老年都头忙叉手施礼，出帐而去。

2

第二天，振武军第十一指挥全体将官、军吏、军兵在营外空地列队。狄青站在队伍前面，目光扫过全场。军籍簿上，在册军兵应该是四百五十人，实际人数却不到三百五十，而且在场的军兵中，还有不少是顶数的逃兵、罪犯。看着眼前这些或老或少、或胖或瘦的军兵，狄青心中焦急：一旦发生战事，这些人中有几个能堪一战？

狄青沉着脸，大声说道："我等身负皇命，当舍身许国，今敌寇将至，不能再如往日一样散漫。本指使宣布：即日起，每天卯时初出操，无故擅离兵营者，军法处置！"说罢给五个都头分别下达命令，开始演练阵图。

昨晚醉酒的第五都都头趁着间隙，偷偷问第一都老年都头："新指挥使年纪不大，口气不小。老哥你昨晚把咱们的账本给他，他怎么说？"

老年都头看着狄青的背影，道："人前做做样子嘛，他既然收了账本，就是默许了军中现状。都是一条绳上的蚂蚱，谅他不敢把咱们兄弟怎样！"

却说这个卢守勤，原来他在宫中时地位不低，只是因为办砸了一件差事，才被宋仁宗贬到陕西统兵。原本待一段日子就能调回宫中了，谁知道去年突然军情紧急，被迫来到了保安。卢守勤全无军事经验，只是在宫中时陪宋仁宗看过几次阅兵。因此他任命将领，完全照搬禁军的选拔标准，看的是身高、外貌、臂力、军容。那一天，卢守勤在城楼上检阅狄青等人率领的生力军，见狄青部下队列整齐，就任命狄青为指挥使，又见焦用率领的士兵队形略差，就安排他做狄青的副手。

知道了事情真相，狄青真是哭笑不得，不过这反而激发了他的责任心，他觉得卢守勤不会带兵，自己就更要尽心尽力，带出一支战斗力强劲的精锐。

在狄青督促下，振武军第十一指挥的操练进行得十分顺利。卢守勤前来检阅，看到排兵布阵较以往大为改观，感到非常满意。高兴之余，卢守勤提笔给范雍写了一份报告，把狄青夸奖一番，并请范雍前来检阅。卢守勤命狄青把信送到延州，用意是给狄青一个在范雍面前露脸的机会。

狄青把军兵托付给焦用，自己立刻动身赴延州见范雍，待领取了范雍的回函返回保安，三天时间已经过去了。狄青先去向卢守勤禀告：范帅不日将亲来保安检阅部队。卢守勤当即命狄青回营，准备演习。

狄青马不停蹄，赶回营中。焦用前来相见，汇报这三天营中情况。狄青一边听，一边查看点卯簿，忽然脸色一沉，问道："第五都都头因何三天不在营中？可曾向你告假？"

焦用道："未曾，他手下军吏言称，他是出营回家去了。"

狄青气得一拍桌子，骂道："我下令不得无故离营，他竟敢置我的将令于不顾！不严惩他，军法难容！"说罢呼地起身，召唤亲兵传令：全指挥集合。

随着一阵急促的锣声，全指挥三百多名将士匆忙在营外列队。狄青双唇紧闭，目光冰冷，站在一个土堆上，命焦用点卯。点卯过程中，又有三十余人慌慌张张地跑来应卯。狄青命令把迟到者下了兵器，押到一边。

点卯已毕，狄青高声道："延州范帅将在近日亲来检阅我部，事关我振武军第十一指挥荣辱，更关乎保安军威，尔等须要打起十二分精神，胆敢玩忽职守、不遵将令，一律军法从事！"随即一挥

点卯已毕，狄青随即一挥手，全指挥开始操练。

手，全指挥开始操练。

变换过几个阵形，各都头率领枪手、弓弩手分别操练。因为第五都都头不在，军兵们优哉游哉，颇为散漫。

狄青眉头越皱越紧，命人迅速把第五都都头找回。约莫一个时辰，第五都都头总算回到了校场。看着此人，狄青心中的怒火腾地冒了起来，用手指着他大喝道："擅离军营！教场嬉戏！视将令如儿戏！你眼里还有军法吗？"

第五都都头当下起身低头叉手道："小人知罪。恳请狄指使准许小人返回本都，参加操练。"他虽然知道自己理亏，但是平时懒散惯了，意识不到狄青的愤怒，所以并不十分畏惧。

狄青不看他，厉声问焦用道："未经请示，擅自离营，此乃何种行为？"

焦用答道："此逃兵也！"

狄青问道："逃亡三日，该当何罪？"

焦用大声答道："论律当斩！"

狄青一挥手，身边亲兵一拥而上，把第五都都头双手绑在背后，推搡着他走出人群。第五都都头一下愣住了，扭头看着狄青，大声叫嚷。

几个都头正要上前来说话，狄青已经举起右手发令，只听一声令下，第五都都头当场人头落地。

在场数百人无一人敢出声，几个都头齐齐望向狄青，又转头看向第一都老年都头。老年都头盯着狄青面无表情的脸，握紧了手中的朴刀。

当晚，狄青和焦用一身戎装，手边摆放兵器，端坐在营帐中，等着其余都头和军兵前来理论。出人意料的是，并没有人来。焦用骂道："一群鼠辈，真动了刀子，就乖乖听话了。"

狄青望着一处处军帐，隐隐觉得事情没这么简单，四个都头的反应过于平静，似乎在这种平静下，正有一股暗流在涌动。

3

过了两天，范雍从延州来到保安，由卢守勤陪同，检阅狄青的振武军第十一指挥操练。还是在保安城东门，范雍、卢守勤头戴幞头，身着官服，手扶垛口，望向城下。

狄青全身披挂，骑在马上，左手握锥枪，右手挥动令旗，示意全指挥军兵变换阵形。可是，除了身边十余名亲兵，在场三百多名军兵并没有移动半步。却见四个都头在第一都都头引领下，从步兵方阵中走了出来。他们不看狄青，径直来到城门下，齐刷刷地跪下，向城上磕头。

不等狄青开口，焦用已经催马上前喝止。此时从城门楼走下一名军吏，与四个都头对话几句，带着老年都头走上城楼。

在一阵压抑的沉默之后，军吏再次走下城楼，来到狄青面前，召唤狄青上城楼回话。狄青把令旗交给满脸怒容的焦用，压住心头的怒火，随着军吏登上城楼，来到范雍、卢守勤面前，叉手施礼。

范雍、卢守勤并排坐在杌子上，卢守勤转头向范雍示意，然后一扬手中的一本册子，厉声道："狄青！你冒领空饷，隐匿逃兵，如今你手下四个都头联名出首，证据在此，还有何话说？给我绑了！"旁边军吏立刻拥上，下了狄青的佩剑，将他双臂绑在身后。

狄青瞥了眼旁边的第一都都头，全都明白了：

他把先前交给自己的账簿的副本，交给了卢守勤。狄青定定神，答道："钤辖明鉴，此事内有委曲，容下官申辩……"

卢守勤瞪了狄青一眼，道："范帅百忙中前来按阅兵马，岂能因你耽误正事。且押在一边，待军演后再做计较。"说罢挥手叫第一都都头归队，告知焦用代替狄青指挥操练。

第一都都头望了狄青一眼，转身跑下城门。接着，振武军第十一指挥在城下展开了队伍，先排列阵形，然后是枪手、弓弩手分别操练。几次转换，队形紧密，行动有序。

卢守勤陪着范雍站在城楼上检阅，偷眼看着范雍的表情，说道："下官御下无方，对狄青贪墨一事负有失察之过，请范帅责罚。"

范雍一直看着城下队伍，说道："振武军第十一指挥素来骄纵难驯，这三个多月变化巨大，还是卢钤辖知人善任，教训有功。"范雍知道在第一线训练士兵的是狄青，不过在公开场合还是将功劳记到主将卢守勤身上。

卢守勤忙叉手道："范帅谬赞，下官愧不敢

当。"顿了顿又道："可恨狄青贪墨，幸而有人举报。该如何处置狄青，还请范帅示下。"

范雍转头看看狄青，说道："此人乃钤辖所辖部将，钤辖看如何处置为好？"说罢坐回到了机子上。

卢守勤命人将狄青押过来，道："狄青，你要知道，部下检举你贪污，如果情况属实，你难逃死罪。念你练兵有功，给你一次申诉的机会。在范帅面前，不许说谎！"卢守勤的意思很简单：你把话说完，是杀是留，听范雍的意见。

狄青大声道："禀范帅、钤辖：第一都都头所上账簿，原是我接任振武军第十一指挥指挥使前的钱粮数目。自我到任后，每月收入、每天支出，全部记录在册。请范帅、钤辖遣人验看，绝无一钱一米入下官私囊。"

卢守勤唤过身边数名军吏，吩咐他们去狄青营帐查验账本。然后又问狄青："果真如此的话，几个都头为什么凭空诬陷你？"

狄青就把自己严格要求军纪，处死擅自离营的第五都都头一事说了。卢守勤转头望向范雍。只见范雍不动声色，站起身来到垛口边望着城下，继续看起了操练。

过了一会儿，派去查验振武军第十一指挥钱粮账簿的军吏回到城门上禀报，狄青的账簿记录清晰完整。卢守勤立刻就明白了，便把狄青的账簿捧到范雍面前，等着范雍发话。

范雍看了看卢守勤，问道："钤辖，如若西夏此时进攻保安，你能依仗的是狄青，还是城下这几百军兵？"

卢守勤老老实实地答道："下官在宫中时，常听官家念叨：'修器械不如练兵卒，练兵卒不如择良将。'"

范雍点点头，说道："狄青执法严苛，操之过急，罚军俸三月，补偿被杀都头的家属。振武军第十一指挥四个都头诬告长官，各杖责三十，免去都头职务。"说罢，转向狄青道："狄青，派你去带这种慵懒之辈，害了你，施展不出你的本事……今调你为蕃落军第五指挥指挥使，督促士卒，不可怠慢。"

狄青一听，激动得差点叫出声来。蕃落军是北宋组建的骑兵部队，建立这支军队的目的是与西夏精锐骑兵"铁鹞子"对抗。狄青知道，自己即将率领的是保安主力部队之一，今后将出现在战斗的最前线。一时间，狄青既紧张又兴奋，竟然想不出该说些什么是好，只是恭敬地对范雍和卢守勤施了长揖礼。

虽然发生了一场风波，但是狄青的带兵能力得到了锻炼，更赢得了上司的肯定。宝元二年秋天，狄青兴冲冲地调任蕃落军第五指挥指挥使。听着战马的嘶鸣，看着军兵挥舞的锥枪、骨朵，狄青自己也摩拳擦掌，他似乎听到了战争的羯鼓声，正在横山北面隐隐作响。

天使良将

1

宝元二年十一月，风吹得很猛，雪下得很大，保安及其周边笼罩在一片白色之中。这天傍晚，保安北门外山岭中，一队骑兵正在巡逻，他们的头上、肩上都落满了雪。积雪太深，他们只能下了马，手拉缰绳，一脚深一脚浅地艰难行进。

忽然，带队的军官停住了脚步，眯起眼睛仔细辨认，只见前面白茫茫的雪地上，几棵高大的油松，在风雪中傲然挺立。一个额头有伤疤的军官来到带队军官身边，问道："狄指使，可有敌情？"

这名带队军官正是蕃落军第五指挥指挥使狄

青，他聚精会神地盯着前方，低声说道："我记得此处除了油松，还有几株柏树。这几棵柏树为什么突然不见了？我怀疑有西夏军在前方山坳里扎营，砍伐了此处树木。"

额头有疤的军官是狄青麾下副指挥使孙节，他听了狄青的话神色一凛，但没有丝毫慌张。狄青接着说："孙指副，你等速速牵马退后一百步，我一个人去前方侦查。"说罢将自己的马交给孙节，俯身弯腰，摸索着向前方走去。

孙节率领队伍悄悄地向后退去，转过一个山坡，蹲伏在地上，等待狄青返回。雪静静地落着，训练有素的战马也不放声嘶鸣。过了好一会儿，一个军兵怯怯地问道："孙指副，狄指使他还不回来，莫非……"

孙节眼睛一瞪，骂道："闭嘴，好不晦气！凭狄指使的身手，保安城这周边数十里还不是犹如无人之境？"话音未落，一道白影忽然出现在眼前，众人一看，正是全身堆满积雪的狄青。

未等众人开口，狄青语气严厉地对孙节说道："我要你带人退回一百步，为何只退回七十步？"

孙节忙道："狄指使容禀，此处正好有山坡隐蔽，且我等挂念狄指使，不敢退回太远……"

狄青冷冷地说道："下不为例。下次再不严格执行将令，定斩不赦。"

孙节额头渗出冷汗，忙叉手称是。狄青摆摆手，道："孙指副你速回营地，将五个都的人马都带到这里，切记，把前天从开封运来的火药箭全部带上。"

孙节一怔，问道："莫非前面山坳中是……"

狄青展颜一笑，道："就是西夏军，他们果然趁着风雪天来袭击我保安了。不过他们在风雪中行军已经疲惫不堪，现在正忙着扎营休整。"

孙节迟疑地说道："狄指使，我们指挥不过五百人，恐怕难以对敌，何不速去禀报卢钤辖？"

狄青道："军情瞬息万变，禀报卢钤辖如何来得及？我方才看到西夏军的粮草、辎重堆放在一起，他们应是在抓紧时间休息，准备半夜进攻。我们必须借助风势，发动火攻。等半夜风向一变，优势就不在我军这边了。"

孙节再不言语，转身上马，奔回蕃落军第五指挥营地。不一会儿，全指挥五百人尽数来到山坡处，人人手中端着弓弩，背着火药箭。当时开封火药作坊制作的火药箭有两种，一种是箭杆中装填火药，一种是火药包绑在箭杆上，不过当时还没有药捻，要在发射前先引燃。这是宋军秘密开发的武器，此前还没有投入过实战。

这支前来偷袭保安的西夏军，为了躲避风雪，找了个山坳扎营，哪里想到被熟悉地形的狄青发现。此刻，狄青率领着部下，排成两列，沿着刚才的路线，悄悄爬到山顶，居高临下俯视西夏军。狄青叫孙节传令：瞄准西夏军的粮草、营帐等易燃物，一列士兵射箭，一列士兵准备，要不停歇地把火药箭全部射出，再冲锋厮杀。

狄青端起手中的弓弩，搭上一支火药箭，扣动扳机，一支燃烧的火箭，在西北风的助推下，如一道流星，划亮山坳上方的夜空，扎进西夏军的营帐。紧接着，二百余支火箭同时射出，刹那间，西夏军营地杂乱堆放的辎重被烧着，燃起了熊熊烈火。

少数放哨的西夏军慌忙扑打灭火，却顾不上寻找敌人。更多的西夏军或者扔下饭碗，或者从梦中惊醒，四处乱跑，躲避火苗，数千人的队伍瞬间陷入混乱。蕃落军的火药箭还在不断地落下，这些火药箭并不瞄准人，只射向各种易燃物。风助火势，山坳中的大火迅速蔓延开，合成一大片火海。西夏军在风雪中，既没有足够的水，也找不到沙土灭火，见火势越来越大，只得纷纷撤退。

这时，蕃落军的火药箭射光了，狄青举起锥枪，高声喊道："蕃落军听令：灭敌寇！报君恩！随我冲！"他一马当先，冲了出去。五百骑兵一起冲锋，气势如虹，所向披靡，西夏军大败而走。狄青初上战场，取得一场大捷。

夜间一场大火，早就引起了保安城军民的骚动。待到蕃落军押着俘虏、带着战利品回到城中，全城瞬间轰动。十二月，北宋朝廷颁布诏书，狄青升为从九品右班殿直，终于有了品级。接着，范雍将卢守勤召回延州，保安留守部队由巡检司巡检张建侯统辖，与知保安军王信搭档。这两名官员成了狄青的新上司。

这时，蕃落军的火药箭射光了，狄青一马当先，冲了出去。

2

时间很快到了宝元二年十二月的最后一天，除夕。保安虽是前线，比不上开封热闹，但是在除夕夜，城中居民也走上街头，戴上面具，装扮成各路神鬼，敲锣打鼓，表演驱鬼逐疫的傩戏。

坐在营帐中写家书的狄青，听着城中喧闹嬉戏之声，想起自己的两个儿子也必然在家里，戴着面具，嬉戏打闹，嘴角不禁泛起了微笑。一转眼，狄青来保安有八个多月了。领兵带队，上阵退敌……都是他此前的人生中从未有过的经历。只是不知道，新的一年，又将面对什么挑战。想到这里，狄青嘴角的微笑渐渐消失了，他停笔望着油灯的火苗，陷入了沉思。

"二弟，我进来了啊。"帐帘一挑，焦用探头走了进来。两人分属不同部队，平时难得一聚。

狄青看着焦用，笑道："大哥此来是谈军务？还是打秋风？"

焦用咧嘴一笑，举了举手中捧着的一坛酒，道："当然是来给二弟送琼浆玉液。"

狄青站起身，从旁边柜子里取出几碟酱菜，道："还是大哥最知我心，除夕夜饮美酒、吃酱菜、巡四城，岂不快哉！"

两人搬来杌子，收拾桌子，对坐小酌。几杯下肚，二人很自然地谈论起前线局势。焦用感慨道："上次二弟你以一个指挥的兵力迎击西夏，可惜我不在场，否则你我兄弟必能策马驰骋，全胜而归。"

谁知狄青摇摇头，道："我不知西夏军虚实，不敢长途追击。何况以当时卢钤辖的用兵方略，必定不会出城支援，撤退乃是必然。"

焦用一击掌，大声道："何苦派些个不懂征战的文臣宦官来陕西前线！去年王太尉上表请战，却被官家驳回。他老人家熟悉西北地理，如果能在前线指挥作战，我军岂不是胜券在握？"焦用说的"王太尉"就是知枢密院事王德用，他极有韬略，乃当世名将。可惜朝中文官们担心他再立新功，纷纷阻挠他再上前线。焦用越说越气愤，又道："当时朝中那些文官竟然说王太尉的面相与太祖皇帝相似，暗指王太尉可能对官家不利。简直岂有此理！"

狄青在开封时便听过王德用大名，这样的人物，是他心中的偶像。不过他并未接话，给焦用续满酒，道："时辰差不多了，我该去巡城了。大哥陪我去观雪景如何？"

焦用看了狄青一眼，知道自己刚才言语冒失，仰脖把酒喝干，抹嘴起身，道："也罢，叫亲兵把酒温着，咱们出去转一圈。"

两个人各自披上大氅，带着二三名亲兵，走出营门，向北城门方向走去。没走几步，迎面涌来一群头戴面具、身穿彩衣举行傩戏的居民，他们喧闹喊叫，肆意狂欢。狄青、焦用闪在一旁，看着人群走过。

焦用想起在开封时，宿卫宫中参加大傩仪的情景，道："每年除夕宫中大傩仪，咱们诸班直也要戴假面、穿彩衣、持金枪、执龙旗，出宫一路游行到南薰门。我记得二弟你不爱穿彩衣，就戴'真武灵应真君'面具，披头散发，穿黑袍，倒也与那真武大帝十分相像。"焦用说的是道教北方神真武大帝，在宋真宗时被封为"真武灵应真君"。

狄青嘴角也浮起微笑，随口道："说起来，我审问俘虏的西夏士兵，他们说西夏境内十分流行佛、道二教，也有'真武灵应真君'庙和塑像、壁画。"

焦用笑道："要我说，下次迎敌，二弟你干脆还扮成真武灵应真君，叫他们西夏人看看，真武大帝在此，谁敢上前！"

两人说说笑笑，巡视城门后，又转回营帐饮酒，共同度过了在西北边陲保安的第一个除夕夜。

康定元年（1040）正月，元昊经过周密策划，率大军十万突袭延州。范雍急调大将刘平等出击，却在三川口被西夏军击溃。随后，元昊率军攻破延州以北三十六处营寨，兵进延州。与此同时，为了保护侧翼，派出偏师再攻保安。

卢守勤返回延州带走了不少军兵，此时保安军只有五个指挥，约两千多人的兵力。主将王信、张建侯当机立断，决定趁西夏军立足未稳，予以迎头痛击。他们率领狄青、焦用等三个指挥的兵力，出城摆开阵形，以强弩硬弓攒射西夏军。西夏骑兵率先发动冲锋，迅速向宋军逼近。焦用见状，大吼一声，挺起长枪，率领宋军枪手拼死抵抗。

就在双方接战的当口，一支宋军骑兵突然从西夏军侧后方出现。冲在最前面一将，披头散发，脸罩面具，金甲黑袍，背后一杆大纛旗迎风飘扬，上写着："真武灵应真君镇北方主生死"。

西夏军看清楚来将装扮和旗号，俱是一愣，一时间不辨真假。宋军骑兵趁着这个空当，直插西夏步兵和骑兵阵形之间。西夏军大乱。

此时，保安城头旗帜飘摆、喊声大振，似乎有数万军兵正要出城。西夏军主将无心恋战，急忙下令撤退。宋军一战迫退西夏军，得胜回城。

一进城门，装扮成真武大帝的武将跳下战马，抬手摘下面具，露出本来面目，原来正是狄青。一旁走过来焦用，两人相视大笑。狄青等第二次击退进犯保安之敌，再立军功。

不久，延州等地风雪大作，元昊撤围而去。

这次宋军在主战场三川口大败，主帅范雍以及卢守勤等人难辞其咎。三月，范雍、卢守勤等都被撤换，改由夏竦出任陕西经略安抚使兼沿边招讨使，韩琦、范仲淹为副使。五十二岁的范仲淹声望极高，年仅三十三岁的韩琦也是敢作敢当，宋夏战争进入了新的阶段。

3

这一天，狄青被召到京兆（今陕西西安）汇报前线军情。正是春末夏初时节，京兆城绿意盎然，生机勃勃。在被毁弃的唐长安城遗址上建起的这座京兆城，虽然面积较长安城大幅缩小，但是城内外十分繁华。即便是在战时，街上依旧行人如织，官吏、军兵、商人、居民各自忙碌，一派热闹景象。

狄青骑马进城，直奔城东南陕西路转运司、京兆府衙署。狄青向门吏通报姓名、军籍，随即被引到一处廊屋等候。

狄青刚坐下，还没来得及擦汗，一个中年文官已经匆匆走入屋内，口中说道："从保安来的狄指使何在？"

狄青忙起身叉手回话："下官便是。"

中年文官站定脚步，仔仔细细地端详了一番，赞道："不愧是被西夏称为'天使'的壮士。

在下是签署泾原、秦凤经略安抚司判官事尹洙，受韩招讨、范招讨所托，请狄指使详述两败西夏的战事经过。"

狄青抬头看看尹洙，只见他目光晶亮，心知是个干才，颇有几分好感，便将两次战役经过描述了一遍。尹洙聚精会神地听着，中间插话问了几句细节，狄青对答如流。待狄青语住，尹洙问道："敢问狄指使，我军与西夏军孰优孰劣？优在哪里？劣在何处？"

狄青想了想，答道："西夏军优势在骑兵，而我军最主要的武器是弓弩，骑兵数量不足。两军相遇，一旦我军弓弩不足，西夏骑兵就会冲到跟前，杀得我军阵形混乱，我军只能败退后撤。"

尹洙追问道："如此说来，一旦西夏骑兵冲锋，我军岂非全无对策？"

狄青便详细讲起宋军弓弩的射程、射速以及西夏军骑兵的数量、速度。见尹洙听得入神，又总结道："战场胜负，只在一呼一吸之间，西夏铁鹞子虽然迅猛，我军并非全无胜算。为将者不须拘泥兵书，全在随机应变，以我之长，击彼之短，击破铁鹞子不难。"

尹洙眯起眼睛思忖片刻，点头道："狄指使所言，有理有据。且在这里稍歇，我这就去禀告韩招讨、范招讨，看是否得空召见。"说罢起身便走。狄青还未来得及施礼，尹洙已经走出了房门。

尹洙一贯雷厉风行，当即来见韩琦、范仲淹。可巧两人正在一处议事。尹洙见到两人，开口先赞了一句："狄青良将也！"

韩琦、范仲淹知道尹洙才高气傲，狄青能得到他如此评价，必有过人之处。韩琦立刻命身边文吏去召唤狄青前来相见。当时朝廷在陕西的驻军有二十万，共有四百多个指挥使，小小指挥使能得到面见韩琦、范仲淹的机会，已经非常难得。

狄青在文吏引领下，步入议事堂，恭谨地向韩琦、范仲淹行长揖，口中说道："下官侍卫马军司蕃落军第五指挥指挥使狄青，参见韩招讨、范招讨。"韩琦年轻，但是官职序位在范仲淹之前。

韩琦、范仲淹上下打量狄青一番，彼此交换眼神，都对狄青精干的形貌颇为欣赏。

尹洙先开口道："狄指使，韩招讨、范招讨对保安两次战役的经过已经大致了解，你可着重讲解西夏军行军布阵、装备后勤之事。"

狄青在心中捋捋思路，侃侃而谈，比方才对尹洙所讲更加详尽完整。

韩琦听完，不动声色地问道："既然西夏军的骑兵优势，恰恰是我军之劣势，那么战场之上，我军该如何随机应变？"

狄青说道："其一，必须谨慎选择战场，要在有沟壑、有山峦处设阵，不可在平坦开阔处与西夏军对阵，以防西夏军突然冲锋；其二，工事极为重要，我军弓弩手可依托壕沟、障碍，排成多条射击队列，射出网状箭雨，使西夏军不能靠近；其三，西夏军遇到箭雨，阵形变化之时，就是我军冲杀之时。"

韩琦等三人频频点头。韩琦又问："狄指使以为，当前最急迫的措施是什么？"

狄青道："择良将、练士兵、严军纪、修城寨。西夏军新胜，我军新败，我军眼下应避免与西夏军主力交战。《孙子兵法》云：'避其锐气，击其惰归。'说的正是当今形势。我军宜累积小胜，锻炼胆气。"

韩琦问道："军中诸将，是主战的将领多，还是主守的将领多呢？"

狄青察觉出韩琦对攻守问题的敏感，犹豫了一下答道："我等武人从军报国，唯主将马首是瞻，无论攻守，都按将令行事。"

韩琦转头望了一眼范仲淹，不再说话。其实韩琦一直主张主动进攻，而范仲淹坚持防守，两人对今后作战的方针，各有主张。

范仲淹开口说道："狄指使分析战场战法，精要到位，对老夫颇有启发。西北前线从东到西有两千余里，并不仅仅是延州保安一带。希望狄指使能放眼全局，再立新功。"说罢，从桌子上拿起一部《春秋左氏传》，交到狄青手里，说道："狄指使是忠勇敢为的将才，然而为将而不知古今，只是匹夫之勇。希望狄指使熟读这部《春秋左氏传》，他日能够成为帅才。"

狄青双手接过书，双眼闪烁出激动的光芒，心想，自己得到范招讨如此赏识，或许以后真的可以做出一番大事业？

从京兆返回保安，狄青更加勤勉，在练兵、巡

范仲淹说罢，在桌子上拿起一部《春秋左氏传》，交到狄青手里。

防、修城之余，埋头研究兵法，苦读《左传》。焦用暗暗摇头，抱怨狄青学"毛锥子""穷措大"，忘了武人的本分。

过了些时日，范仲淹亲自到延州坐镇，开始了大刀阔斧的军事改革。他整肃军纪，处置了一批贪污、冒功的腐败将领，接着将延州部队改编为六将，每将由一位都监统辖，下辖五到六个指挥，兵力二三千人。还提高参与修城、运粮士卒的待遇，每月多支领酱菜钱。保安巡检司巡检张建侯被任命为第六将都监，狄青在他麾下，依然是最得力的将领。

经过数月的整编训练，延州军容有了很大改观。见时机成熟，范仲淹向张建侯传达命令：率第六将两千余名士兵北上，收复年初被西夏军夺取的塞门、安远等城寨。张建侯立刻召集军马出征，狄青当仁不让地担任先锋。

转战泾原

1

秋雨飘飘洒洒地落下，仿佛织起了一张笼罩大地的雾网。山路湿滑，骑兵们不得不牵着马缓慢前行。走到塞门寨外的树林中，天已经黑了，雨却越来越大 。副指挥使孙节清点完人数，来向狄青禀报。

狄青在黑暗中盯着塞门寨方向，琢磨着下一步的行动。延州附近的地理形势，他早记在了胸中，此刻不用亮光，他也能分辨出道路、寨门。

孙节搓着手，说道："狄指使，今晚雨大，不好埋锅造饭，不如先扎下营来，大家吃些干粮充饥。"

狄青姿势不变，低声说："不需生火做饭，也不需扎营，叫大伙找树木避雨，先休息片刻。等一会儿大军进了寨子，再好好休整。"

孙节问道："喏……一会儿进塞门寨休息？"

狄青转头看着他，笑而不答，招呼军兵们快找地方避雨。等了一会儿，第二拨宋军赶到，正是焦用率领的振武军第十一指挥，这支步兵军士们都背着酒瓶、酒坛。焦用找到狄青，道："按照二弟的吩咐，保安城中所有米酒，全在这里了。"

狄青招呼孙节把酒分给大家，喝酒驱寒，然后准备战斗。接着向焦用细细交代几句，便分头开始行动。

焦用集合队伍，出了树林，来到塞门寨外空地上，呐喊放箭。

塞门寨里的西夏军一阵骚动，寨中各处纷纷亮起火把。随后，西夏军发一声喊，冲出寨门厮杀。焦用指挥弓弩手一阵乱射，同时缓慢后撤。西夏军紧追不放。

这时，狄青率领的蕃落军突然出现在西夏军侧面，迅速冲向寨门。西夏军在雨中陷入混乱，匆忙回头截击狄青。焦用见状，率军转身厮杀。蕃落军很快占领了寨门。西夏军丢了寨门，退不回本寨，军心大乱，溃散而去。

进了塞门寨，孙节赞道："狄指使料事如神，没想到不到半个时辰，我们真的进了塞门寨！大家伙可以放心休息了。"

狄青道："休息为时尚早。传令全指挥：赶快用饭。我已令焦指使打开仓库，清点西夏军装、旗号。半个时辰后，全军换上西夏军装，今晚我们进安远寨休息。"

孙节听了，又吃了一惊，见狄青胸有成竹，当下也不多问，急忙跑出去安排。

半个时辰后，塞门寨北门缓缓打开，一队"西夏军"出了寨门，迅速向北进发。

走到深夜，军兵们终于来到安远寨外。孙节押着几个西夏军俘虏，在阵前用党项语喊话，说他们是塞门寨败兵，想赶快进寨。

安远寨已经接纳了不少塞门寨败兵，寨中的西夏军兵也没怀疑，便打开了寨门。

忽然，一名披头散发、头戴面具、金甲黑袍、手持大枪的武将飞也似的冲向寨门，紧随他身后的孙节及军兵一起高喊："真武灵应真君显灵啦！真武灵应真君显灵啦！"

西夏军看得目瞪口呆，很多人还没抽出兵器，就毙命当场。这时候雨渐渐停了，蕃落军射出火药箭，寨中几处营房迅速着火。西夏军不知道宋军有多少人马，不敢抵挡，慌乱中打开寨门，仓皇而走。

狄青瞥见一个锦袍金盔的西夏将领，正待上前厮杀。不料斜刺里飞来一支暗箭，钻入他肋下甲缝。狄青只感觉一阵钻心疼痛，差点掉下马来。孙节在旁边一把扶住狄青，把他搀下战马，交给亲兵守护。

军医取出箭头，才发现箭头有倒刺，伤口很深。简单包扎之后，狄青便靠着一堵矮墙，闭目休息。

正在这时，城寨外杀声四起。狄青猛然睁开双眼，问道："莫非西夏人打回来了？"

原来西夏军退出安远寨后，见宋军并未继续追

狄青瞥见一个锦袍金盔的西夏将领，正待上前厮杀，不料斜刺里飞来一支暗箭，钻入他肋下甲缝。

杀，就停下了脚步。西夏将领发现宋军人数不多，立刻收拢队伍，想夺回城寨。

孙节不答，狄青却心中明白。他挣扎着站了起来，道："敌军攻寨，形势危急，大家随我来！"说罢抓起一支锥枪，走上寨墙。

军兵们见狄青回到战场，顿时发出阵阵欢呼。狄青大声招呼大家打起精神，守住寨门。西夏军攻势很猛，狄青伤口疼痛，心中焦急，额头不停渗出冷汗。他暗下决心：定要与西夏军奋战到底，如果宋军增援不能赶来，今晚就战死在安远寨。

突然，一阵箭雨飞过头顶，射向西夏军。接着，宋军身后亮起一片火把，原来是张建侯率领第六将主力赶到了。

西夏军再无心恋战，稍稍抵抗，便向北撤去。宋军一夜之间收复两座城寨。

休养了一个月，狄青箭伤初愈，再次上阵，攻破西夏城寨多处。不久，狄青晋升为正九品右侍禁、阁门祗候，任泾州都监，继续留在延州以北地区作战。一天，狄青接到朝廷诏书，要他警惕西夏军设伏，不要轻易亲身上阵斗敌。原来范仲淹见他作战过于勇猛，屡屡受伤，便上书宋仁宗，请朝廷下诏书提醒狄青持重。狄青见范仲淹如此关怀自己，更下决心不辜负范招讨的期望，早日成长为"帅才"。

2

就在狄青率军不断夺取西夏城寨的时候，庆历元年（1041）二月，突然传来噩耗：环庆路副都部署任福，在好水川西（今宁夏西吉县单家集）被西夏军伏击，宋军死伤万余人。

好水川之战两个月后，陕西三位军政主官夏竦、韩琦、范仲淹，都被降职撤换。庞籍出任知延州兼鄜延路部署司事，成为狄青的新上司。庞籍与范仲淹是同年进士，两人有很多主张相近。庞籍到任后，继续执行范仲淹修筑城寨、步步为营的策略。他交给狄青一项新任务：率军万余人，在延州以北金明寨西北浑州川谷口修筑城寨。

狄青不敢怠慢，率军到达谷口，与军兵一起担土运石。这天天刚亮，狄青已经穿戴整齐，跨步走出营帐。营寨中将领军兵们也都陆续整队出营，着手进行各自的工作。

忽然，有一名斥候快马来到狄青面前大声禀报："禀都监，西夏军万余人，正在穿过山谷，向我军逼近。"

狄青马上传令：各指挥在寨前集合。狄青麾下人马虽多，大部分是新招募的万胜军，精兵虎翼军只有两个指挥。狄青亲自指挥军队列阵，抢占谷口两侧有利地形，然后命令虎翼军收起旗号，全部打出万胜军的旗号。狄青自己照旧戴上真武大帝面具，披散头发，穿上黑袍，背后挑起上写"真武灵应真君镇北方主生死"字样的大纛旗。上万宋军面向谷口，严阵以待。

过了一会儿，谷中传来由远及近的马蹄声、呐喊声，西夏军从谷口蜂拥而出。远远望去，西夏军声势浩大，有一万多人。

西夏军看到宋军阵形厚实，早有防备，意识到没有突袭的机会，便远远停住队伍。两军就在谷口对峙。

许多西夏军一眼就看到端坐在马上的狄青。狄青的勇猛和计略，西夏军中人人皆知。不少西夏将士向四周观察，怀疑自己已经进了狄青的埋伏。

西夏军主将指着对面的宋军说："这支部队是万胜军的旗号，都是未经战阵的新兵，何惧之有？哪位勇士前去阵前，取下狄青的首级？"一名西夏勇将立刻催马出阵，喊着狄青的名字，要他出来受死。

狄青摇动手中锥枪，就要出阵。旁边部将张玉说道："都监且住，莫忘了官家诏旨。这等无名之辈，由末将迎敌便是。"说罢催动坐骑，抢起手中铁简，迎战西夏勇将。

西夏勇将摆枪来斗。张玉的马是匹好马，速度很快，手上的铁简分量又重，他一股大力，向西夏勇将砸去。

西夏勇将抬枪格挡，被张玉的铁简砸个正着。巨大的冲击力压弯了西夏勇将的双臂，铁简直接砸到他的肩上。西夏勇士痛呼一声，掉落马下。张玉随即跳下马，抽出腰刀割下西夏勇将首级，又跳上马，顺手拉住西夏勇将的马缰绳，回到本阵。

宋军发出一阵欢呼，高喊："张铁简！张铁

箭！"战场上获得的外号，是士兵们对英勇者的褒奖。

西夏主将大怒，挥动令旗，下令全军冲杀。

宋军从容不迫，很快布成偃月阵，中军后撤，左右两翼前出。两翼弓箭手射出的弓箭形成了交叉火力。

战场狭窄，西夏军陷进箭雨中无法躲闪，阵形开始混乱。

谷口两侧高地上，一排虎翼军火药箭手突然出现，他们向谷中射出数百支火药箭。西北干旱，草木一点就着。火势迅速扩大，呼啸着向西夏军卷去。

西夏军军心大乱，骑兵们纷纷调转马头，向后逃跑。西夏主将见宋军防御严密，不敢恋战，丢下数百具尸体，率军走了。

狄青牢牢守住了浑州川谷口，数次击退西夏军的侵扰。数十天后，一座军寨拔地而起，被命名为招安寨。招安寨封堵了谷中通道，阻塞了西夏军的进军路线。在招安寨后方，狄青率领军兵平整了大片土地，招募百姓耕种，并引来浑州川的河水浇灌。这样既安置了百姓，又能增加军粮。

好水川之战一年以后，庆历二年（1042）四月，狄青从七品西上阁门副使，晋升鄜延路都监。到陕西三年，狄青从一名指挥使，成为鄜延路高级军官。

这年闰九月，朝廷诏狄青入朝，向他咨询军情。狄青便先去延州，向上司庞籍辞行。他一路奔波，直奔庞籍的衙署。刚在衙署门前下马，一抬头，却看到焦用正迈步走出大门。焦用现在在鄜延路钤辖王信麾下，兄弟两人一直难得见面。

狄青忙走上前，叫道："不意在此遇到大哥，近来可好？"

焦用一见狄青，一把抓住他的肩膀，大笑道："我今早听到喜鹊叫，就知必有好事，原来是能见到二弟你。最近怎样？可曾受伤？"

狄青心里甚觉温暖，当即答道："托大哥的福，小弟身体康健，也不曾受伤。倒是大哥越发富态了。"

焦用说道："哥哥我胸无大志，所以心宽体胖，哪像二弟你劳心劳力，在前线出生入死。你我兄弟难得见面，去延州城中寻一处酒家，把盏叙旧如何？"

狄青道："这个要得，不过我得先去见庞帅，回头去馆驿寻大哥便了。"

焦用道："我此来延州是替王钤辖领取公文，不能久留。也罢，我去城中的'状元楼'等一个时辰，二弟自己寻来便是。"当下拱手作别。

狄青目送焦用上马离开，然后转身向门吏通报姓名、军籍，门吏满脸堆笑，道："庞帅早吩咐了，狄都监来不需通报，即刻入见。"就领着狄青直接来见庞籍。

狄青步入厅堂，却见庞籍坐在圈椅上，埋头读着一封书信。狄青上前行揖礼，道："下官狄青参见庞帅。因此前朝廷诏令，召下官入朝。如今安排军务已毕，前来向庞帅辞行，敢问庞帅可有吩咐？"

庞籍抬起头，说道："汉臣，恐怕你的行程要推迟了。接到泾原路急脚递，数天前，我军在定川寨遭遇西夏军伏击，九千将士被俘，十六员将领殉国。如今西夏军已抵泾河北岸渭州城东潘原，扬言进攻京兆。"说着将手中书信递给狄青。

狄青心头一紧，双手接过书信匆匆扫视一遍，然后奉还庞籍，说道："我鄜延路距离渭州太远，难以施救。为今之计，只有请环庆路范帅出兵援救一途。我鄜延路当马上整军戒备，防备西夏偷袭。"

庞籍点点头，道："汉臣的分析在理，适才已经知会王钤辖征调本路军兵、粮秣，应对西夏进犯。"

"西夏最近两次舍鄜延、攻泾原，必是忌惮庞帅虎威。而今我鄜延路上下一心，军势严整，足可保境退敌。"狄青说道。忽然想起刚才在门口遇到焦用，军情紧急，看来是没有时间和焦用叙旧了。他便向庞籍告辞："下官这就返回军中，听从王钤辖调遣。"

庞籍道："今早接到官家口谕，要画你的图像送入宫中。现在画师就在府中，你且留在这里画好了图像，再回军中待命。"

官家索要画像，这自然是对狄青的爱护和褒扬。狄青听了，又喜又愧，胸中更有了杀敌报国的决心。

几天后，前方军情陆续传来：渭州宋军临危不乱，范仲淹从庆州发兵，元昊见无隙可乘，便悄然撤军了。

3

十月，狄青离开鄜延路，调任泾原路部署，官阶也升为从五品秦州刺史。十一月，韩琦、范仲淹分别升任陕西四路都部署、经略安抚招讨使，进驻泾州，再次成为狄青的上司。

狄青统辖的军兵很多是新兵，缺乏实战经验，战斗力弱。狄青为率领这群新兵出奇制胜，用了很多办法。当时军中习惯，敲钲是准备战斗，击鼓是前进冲锋。狄青却改变了号令：敲钲一声，准备战斗；再次敲钲，保持队形后撤；停止敲钲，全军进攻。

不久西夏军来犯，狄青率新兵迎战。两军准备接战时，狄青令部将和斌敲钲一声。听到号令，全军停止前进，准备战斗。西夏军以为宋军准备进攻，谁知宋军阵中没有响起鼓声，却又响起钲声，正在诧异，却发现宋军竟然开始后退。

西夏军将领都嘲笑起来："狄青见我军势大，竟然不战而退。"

见西夏军迟疑不动，狄青急令和斌停止敲钲。宋军立刻变化队形，向前突进。西夏军一直没听到宋军鼓声，没想到宋军会突然发起冲锋，顿时大乱，自相践踏，大败而去。

经过多次实战，狄青麾下的新兵都成了勇敢善战的精锐战士，泾原的局势也日益稳定。

很快到了庆历三年（1043）正月。夜间，狄青缓步走出营帐，眼前的营寨中，远远近近的火把闪烁着，宛如盘旋在西北大地上的一条长龙。狄青不禁暗想：以前三川口、好水川、定川寨三次大败，自己或者是中下级军官，或者不在战场，未能力挽狂澜。而今统御数万大军，是否有机会与元昊一战呢？如果自己亲率大军，与西夏主力正面对战，那时结果会是怎样？

然而，西夏元昊并没有再次发兵南下，却在正月派出使节与宋议和。陕西局势转向缓和。四月，宋仁宗召韩琦、范仲淹还朝，改由郑戬主持西北大局。

七月，尹洙调任知渭州兼泾原路安抚使，成为狄青的上司。两人本是旧相识，一见面，尹洙就与狄青详细讨论泾原路各处城防修葺等事务。说到泾原路将领刘沪提议修筑水洛城（在今甘肃庄浪）一事，尹洙道："西夏表面提出议和，实则另有谋划。修水洛城费时费力，且此地距离渭州二百里，一旦西夏侵攻，渭州援救不及，恐又陷入被动。"

狄青道："听闻修筑水洛城是应当地蕃部所请，已经被郑招讨批准。"

尹洙道："事有缓急，如今当集中人力物力，预防西夏再攻泾原。此事我必要再向郑招讨提出建议。"

提到郑戬，尹洙忽然严肃起来，看着狄青说道："而今郑招讨彻查陕西官员公使钱账目，我等皆在被查之列。公使钱是我朝发给官员的补助，只能用于修建、接待等公共事项，不许私人占有。不但汉臣你自己要谨慎处置，更要督促泾原各级将佐，切不可因小失大，自毁前程。"

狄青说道:"诸将行军作战时,赏罚用度开支巨大,使用公使钱往往不谨慎,公与私、借与占,不好分辨。我回去后即严饬各级将官,无论大事小事,一定做到公私分明。"

尹洙点点头,道:"汉臣,你是朝廷倚重的大将,去年官家看到你的图像后褒奖说:'朕之关张。'这既是荣光,也是责任。陕西四路,乃至全国朝野士庶,都在期待汉臣你再立新功。"

一个月后,韩琦代替范仲淹重回陕西,任宣抚使。他接纳了尹洙提出的停修水洛城的建议,并上奏朝廷。此后几个月内,狄青一心投入对西夏的军备防务中。这天,他突然接到一封尹洙的信,才知道,调查滥用公使钱的范围已经扩大,包括狄青在内一大批文武官员被人举报。幸亏范仲淹、欧阳修、尹洙等人纷纷上书,指出狄青等将领身负防御西夏重任,不能因为财务上的失误,剥夺他们的军权,这才暂时把风波压了下去。

狄青读罢信,惊出一身冷汗。狄青等武将带兵在外,用公使钱犒劳部下、应急支出之事并不少见。这样的确违反朝廷规定,但是若因此获罪,又难免心有不甘。

狄青怀着忧虑、感激、不平等复杂心情，迎来了庆历四年（1044）。这年正月，朝廷下诏停修水洛城，然而郑戬却支持刘沪继续修城，并派著作佐郎董士廉等前往协助。

这天，狄青在军中接到尹洙的两封信，一封是公函，命他率军巡边，另一封却是私信，对狄青另有指示。狄青读完，心中有了盘算。他收起信，命令部将和斌集合队伍，随自己巡边。

几千军马从渭州出发，沿着白岩河西行，队伍行进的前方，正是水洛城。

入主枢密

1

这一天清晨，水洛城外的宋军营寨中，两队全副武装的军兵从寨门一直列队到刘沪、董士廉的大帐外，鸦雀无声。一阵秋风吹过，地上的落叶被呼地卷到空中，飘飘荡荡，不知落到何处。

狄青带着和斌等几名随从，大踏步走入寨门。

刘沪的本职是静边寨主，董士廉是从六品著作佐郎，他们的职级都低于狄青。不过两人并没有出迎，而是端坐在帐中。狄青步入军帐，刘沪才起身叉手施礼，说道："狄部署远道而来，可是为了阻止水洛城修筑工程？这件事有郑招讨传谕，尹安抚也要听郑招讨的军令行事。"

狄青向两人拱手，道："我奉尹安抚将令巡边，非是为水洛城而来。二位难道不知，郑招讨已经转任永兴军路安抚使，现在陕西军政乃是韩宣抚执掌。"

刘沪与董士廉对视一眼，道："我等之所以不执行尹安抚撤军命令，乃是因为城外现有数万蕃部，一旦撤军，引起民心动荡，后果不堪设想。"

狄青道："此地治安之事，当由韩宣抚裁断。我此来，其实有一封尹安抚密信，要单独转呈刘寨主……"说着上身前倾，像是要给刘沪展示什么东西。

刘沪看着狄青的手伸向怀中，也向前探身。就在一瞬间，狄青出手如电，反扣刘沪双手。同时和斌等扑向董士廉，将两人当场扣押。

狄青高声呵斥闯进军帐的军兵："我乃泾原路部署狄青，奉泾原路尹安抚将令，刘沪、董士廉屡次违抗将令，就地羁拿，余者不问。"

众军兵久闻狄青的大名，而且他们都是泾原路兵，本来就该听从尹洙、狄青的将令，当下无声地站到一边。

董士廉急道："狄青，你可知最早提议修水洛城的人是范参政？你敢不听范参政的主张吗？"他自恃是朝官，瞧不起狄青，此刻竟直呼其名。

狄青转头看他一眼，道："修不修水洛城，不是我等武人所能左右。本将只是奉令羁押刘寨主，他以下犯上，论律当斩。"

董士廉听到"斩"字，吓得失声惊呼："狄青，难道你想杀人？！"

狄青道："杀你做甚？你是朝官，自然要由朝廷处置。"说罢传令部将组织水洛城宋军撤军。自己率军将刘沪、董士廉送到德顺军。

消息迅速传到朝廷。范仲淹急忙上奏宋仁宗，请朝廷派遣朝臣去水洛城实地调查。

最终，修筑水洛城的意见占了上风。韩琦、尹洙反对修城的主要理由是水洛城分散了泾原路兵力。可随着宋夏和谈的深入，陕西局势日趋稳定，安抚陕西各地蕃部，成了更加迫切的需求，这正是修筑水洛城的主要目的。五月，水洛城事件的主要责任人尹洙被调往庆州。当月，由于与契丹交恶，元昊无力同时与宋、契丹作战，便遣使赴宋议和，宣布放弃称帝，达成"庆历和议"，宋夏战争告一段落。

尹洙去职后，狄青没有遭受处分，而是身兼泾原路安抚副使、部署、知渭州，成为泾原路军政主官。这招来谏官余靖的反对。他先后上四道奏章，批评狄青才能不足，没资格担任重任。不过，这一时期要安抚前线军民、蕃部等各方面势力，狄青等名将的作用不可替代。六月，狄青的官阶升为惠州团练使，军职升为捧日天武四厢都指挥使，成为禁军殿前司最精锐部队的主官。

八月，范仲淹离朝，宣抚陕西、河东，他考察举荐陕西四路将领，将狄青列为第一等之首。这年冬季，陕西大雪不断，遍地银装素裹。这天，范仲淹来渭州视察战后安置情形。在泾原路渭州衙署中，他与狄青相对而坐，促膝长谈。狄青恭敬地给旧日上司汇报泾原路与西夏之间各条通道现状，以及堡寨修筑情况，最后补充说道："和议缔结后，战事暂停，不过目前西夏掌控横山，随时可以南下。要彻底解除西夏威胁，唯有继续向北修筑堡寨，夺回横山。"

范仲淹听狄青介绍各项措施有条不紊，十分欣慰，道："此论正与老夫的想法暗合。汉臣在陕西，这些年历经二十五场厮杀，身受八处箭伤，如今已成长为可以倚重的名将，未来西北局势，就要看你的了。"

狄青在范仲淹面前，难得地露出拘谨的表情，答道："明公要下官学做'帅才'的教诲，下官一刻不敢忘，不过遗憾的是，始终没能在战场上与西夏元昊正面交锋。"

范仲淹道："为将者，争一时胜败；为帅者，虑百年得失。汉臣你此前一直听将令行事，今后独当一面，还需自己知道进退。"

狄青知道范仲淹在朝中发起"庆历新政"，却因为遭人攻讦而主动离朝，不觉问道："敢问明公：只有不断进取，才能为朝廷、国家做贡献，一旦退出，谈何报国？"

范仲淹拈须看着眼前这位比自己小十九岁的勇将，感慨道："老夫壮志报国，奈何应者寥寥，又身染肺病，只得退居让贤。只可惜新政、西夏两件大事，皆有始无终。汉臣你正值壮年，大有可为，不过须得记住：战场之外是官场，官场也如战场。战场上要消灭敌酋，官场上则要化敌为友啊。"

狄青揣摩着范仲淹的话，陷入沉思，此时他还意识不到，今后自己在官场中要经历种种考验和磨砺。

此后，狄青接受范仲淹命令，继续在陕西修筑堡寨、安抚蕃部、操练军兵，陆续提拔了和斌、杨文广等得力部将。这期间，他还不忘向何涉、刘易等军中儒生请教。

2

随着陕西形势趋于和缓，北宋朝廷陆续将陕西四路部队调往河北，防御契丹。庆历五年（1045）六月，狄青出任真定府路（今河北石家庄正定）副都部署，官阶升为眉州防御使，军职升为侍卫司步军都虞候。

狄青从渭州出发，经过京兆，过黄河北上，穿过河东路去往真定府。途径家乡河东路汾州西河

范仲淹看着眼前比自己小十九岁的狄青，感慨道："老夫壮志报国，奈何应者寥寥。"

县，狄青主动去拜访地方官。此时距他离乡投军已经过去二十一年。狄青在县中招待狄家社父老，全无朝廷高官的架子，在乡里传为美谈。

狄青在真定府期间，范雍、尹洙相继去世。狄青一直不忘他们对自己的恩德，对待他们的家属礼数周到，恭敬有加，更是视尹洙的孤子如同己出。

到庆历八年（1048）正月，四十六岁的元昊被弑，一代豪雄就此离开历史舞台。狄青得知消息，心情有些复杂，为失去与元昊在战场上一较高下的机会而遗憾。

北宋朝廷认为西夏威胁不再，把防御的重点转向契丹。朝廷仿效陕西四路的制度，将河北也分为四路。狄青在真定府练兵三年，调任定州路（今河北保定定州）安抚副使、副都部署，军职升为殿前司都虞候，成为另一位老上级韩琦的副手。

此时韩琦是正三品高官，对整个河北军政都有发言权。在前一年，庆历七年（1047）十一月，河北军校王则在贝州（今河北邢台清河）发动起义。所以韩琦一到任就着重加强军纪，严格管束各地驻军。

这天，狄青正在衙署中阅读公文，军吏进来禀报，陕西鄜延路指挥使焦用求见。狄青一听大喜，忙起身出来迎接。自从狄青在庆历二年（1042）调任泾原路后，焦用一直留在鄜延路。转眼过了五年，想不到二人在河北定州重逢了。

狄青拉着焦用的手臂，步入后堂，呼唤妻子魏氏和孩子们出来相见。焦用对狄青的几个孩子赞不绝口，给每人都馈赠了金银玉器、绢帛锦缎。狄青推辞不受，焦用不高兴了，说二弟看不起自己这个哥哥。狄青见焦用这样说，只好收下。

两人转回前屋，坐下饮酒。焦用提起，这次是奉命调往保州（今河北保定），经过定州，顺便来看望狄青。

狄青给焦用斟满酒，道："那就不用急了，韩安抚正在严查军纪，凡路过禁军，都要留下整训，裁汰、处置违纪者。"

焦用闻言脸色微微一变，笑道："如此说来，必然是二弟你负责整训军队之事了？想想八年前，你我弟兄奔赴西北，都是呆头呆脑的大头兵。如今二弟你已是朝廷大将，以后还要托二弟多关照了。"

狄青举杯道："你我弟兄客气什么。小弟不过是机缘巧合，被任命为骑兵指挥使，因此得以在战场上担任先锋，多打了几次胜仗。大哥你一直在步军，上阵机会不多罢了。"

焦用摇摇头道："实不相瞒，哥哥我自知没有二弟你的才能和胆识，我只求安稳地带带兵，过过太平日子，此生足矣。不过，我这一路上听闻二弟你在定州也不畅快，有说你被'穷措大'当面辱骂，还有说你被行首白牡丹嘲笑黥面，呼为'斑儿'，你发怒鞭笞了她。"焦用说的"行首"意思是妓女，当时官场酒宴，都有官妓陪酒。

狄青不在意地说道："这白牡丹的确是出入定州官场的官妓，不过酒席间扯过几句闲话。想来是她在外面编排我的轶闻野史，借我的名声自抬身价罢了。至于被'穷措大'辱骂嘛，那倒是真的。"

焦用一听瞪起了眼睛，叫道："何人敢欺负咱们兄弟，二弟你不便出手，哥哥我替你出气！"

狄青道："这可使不得，此人是我在泾原时便经常请教学问的刘易刘学究。那一次我宴请韩安抚，席间伶人言语轻佻，刘学究吃醉了酒，误以为是我指使伶人取笑他，因而发火。老师骂学生，有何不可？我当然要向他道歉赔罪了。而且这件事后，韩安抚还夸我有器量。"

焦用道："那些'穷措大'就是不爽利，有事不直说，只管绕来绕去。咱们武人终究跟他们不一样，难为二弟你在官场中沉浮，哪比得上在军中自在。"

两人一直喝到半夜。当晚焦用就睡在狄青家中，第二天天亮后，才匆匆赶回兵营。

狄青一直睡到中午，忽然被魏氏推醒，说是军吏有急事禀报。狄青晃晃悠悠地起来，披上衣服，步入书房。

等候的军吏忙走上前，低声禀报几句。狄青一听，脸色大变，忙整理衣装，冲出屋子，飞身跳上坐骑，直奔韩琦衙署。

3

来到韩琦府衙门口，焦用的几个亲兵立刻迎上来。狄青跳下马，问道："情况怎样？"

亲兵们回道："回部署，焦指使上午被押入府衙，已经过了大半个时辰。"

狄青不再说话，跑到府衙门口，向门吏报上姓名、官职。得到韩琦允许，才步入院中。他走到正堂前的院子里，只见焦用倒剪双手，跪在墙边角落，身后站着两名高大的武士。

狄青心情复杂，叹口气，走进正堂。

韩琦正在伏案疾书，见狄青进来，抬头问道："汉臣，今日过府，所为何事？"

狄青恭敬地行揖礼，道："下官听闻，陕西鄜延路指挥使焦用被安抚擒拿，不知内中是何详情？"

韩琦搁下笔，看了一眼狄青，道："昨夜有焦用属下军兵来府衙出首，举报焦用克扣军饷，中饱私囊。人证、物证俱在，故此我下令擒拿。"说完抓起桌案上的一份卷宗递给狄青。

狄青接过细看，上面记录着宋夏停战以后数年来，焦用虚报人数、贪污军费的情况和细节，下面有各都军兵的签名画押。狄青看得胆战心惊，心中已经明白，这份文书中所写的内容，不会有假。

韩琦一直看着狄青，他很清楚，狄青与焦用有旧，狄青这次前来，显然是要为焦用求情。自己该不该卖给狄青这个面子，宽赦焦用呢？一时间，韩琦、狄青都陷入沉思，大堂上安静无声。

韩琦思考片刻，开口说道："焦用罪状属实，论罪当斩。汉臣，我这样裁断，可有异议？"

狄青身子一震，说道："焦用立过军功，是好男儿……只是，法不容情……"

韩琦道："我大宋朝，东华门外，夸官的状元才是好男儿。如此贪赃枉法之辈，也配称好男儿？"说罢，朝旁边的军吏一挥手。军吏得令，转身走出厅堂。

狄青想要拦阻，口中却发不出一点声音。

韩琦继续伏案写字，不看狄青，口中说道："汉臣，军法面前，不容私情。如若有朝一日，你触犯国法军规，我一样不会饶恕你；同样，我触犯国法军规，朝廷也不会饶恕我。"

狄青的头脑中轰轰作响，他不知道应该向韩琦说些什么。不知过了多久，狄青听到有人在呼唤自己，他渐渐回过神来，才发现天已黄昏，韩琦早已离开了。

他的亲兵关切地说道："部署站在这里太久了。"

狄青这才艰难地迈开腿，走到院中。亲兵又轻声说道："方才焦指使的亲兵已经将尸首收走了……"

狄青又愣了半晌，张了几次嘴，才说出话来："告诉焦指使的亲兵，将尸首运回我的府中，我亲自安排后事。"然后缓慢地走出韩琦的府衙。

经过焦用这件事，狄青隐约感觉到自己已经取得的军功，还不能够服众，产生了建立更大功勋的紧迫感。思来想去，忽然想到：既然文臣以考取进士为殊荣，那么武人就当以拓边戡乱为职责。如果能够达成夺回横山的战略构想，那么我就成了真正结束宋夏战争的人，那时候我就是当之无愧的"好男儿"！拿定主意，狄青更加勤勉地对待各项军务公事，任劳任怨。对待韩琦等上级同僚，也始终礼数周到，只是在言谈相处之间，少了几分亲近，多了几分克制。

在狄青心绪纷乱之际，西北形势骤变。皇祐元年（1049）七月，契丹兵分三路讨伐西夏，九月、十月双方两场大战。下一年，皇祐二年（1050）五月，契丹攻入西夏腹地，九月西夏反攻。双方数次交锋，各有胜负。此时北宋与双方都有和约，故此保持中立，但也适时地加强了陕西前线防御。于是，狄青被调回鄜延路，官阶升为保大军节度观察留后，军职升为侍卫司步军副都指挥使。

这项任命正符合狄青心中所愿，他积极地在鄜延路练兵、筑城。不久又升为彰化军节度使兼知延州。节度使是宋代武将最高官阶，此时的狄青，已经与当年范雍的官职相当，成为宋夏前线独当一面的主帅。狄青心潮澎湃，自己终于有机会实现范仲淹的嘱托，彻底结束宋夏战争了。

不觉到了皇祐四年（1052）夏天，这一天，有军吏禀报，说有朝中内侍宦官来延州传达上谕，刚刚进城。

狄青立刻整冠束带，等候接旨。不一会儿，内侍宦官进入衙署，与狄青相见。

来人当场宣读宋仁宗谕旨：狄青才智、品德、功绩可堪重任，任命为枢密副使，即刻进京赴任。

当年六月，四十五岁的狄青进京履职。这一天，他见到了当今天子宋仁宗，回答了宋仁宗对宋夏前线形势的种种疑问。又去见了宰相庞籍，聆听老上级的教诲。同时，他也得知，范仲淹已经在上个月病逝于徐州。

傍晚，狄青骑马回到家中，这一处小院还是他以前在殿前司诸班直时租赁的旧宅，已经住了十几年。前几年他调任真定府，魏氏才带着孩子们搬到真定。这次回京，全家又搬了进来。

狄青拖着疲惫的脚步走入书房，夫人魏氏亲自给他端来热水。狄青洗脸净手，坐到圈椅上，唤来狄谘，说道："谘儿，文正公家眷自徐州扶灵回河南府（今河南洛阳）卜葬，你去准备一应事务，代我登门致奠。"狄青说的"文正"，是朝廷赐给范仲淹的谥号。

狄谘看到狄青满脸倦容，便道："孩儿听说文正公在陕西时，特别看重爹爹的军事才能。现在爹爹荣升枢密副使，文正公在天有灵，一定也会感到欣慰。"

狄青拍拍狄谘的肩膀，心中升起一股暖意。

魏氏便笑着说道:"我听谐儿讲,前几天他进京,有枢密院皂吏在路边迎候,他们不认得他,只问'可见到从延州来的官人?'谐儿说官人还在路上。那些皂吏竟然说:'迎一赤老,数日不来!'果真是东京人都不拿正眼看人。"魏氏本就是开封人,只把这件事当作笑谈。

狄青苦笑道:"今天庞相公说起,我此次入朝,有多位谏官上书反对,说我朝未有以行伍出身入主枢密者。看来我今后唯有更加忠诚国事,才能回报皇恩之万一。"

出征南疆

1

这年春季，开封一直燥热干旱，到了夏季，雷雨多了起来。天气本来晴朗，却常常风雨突变，远处响起闷雷。多变的天气，颇像平静中隐藏着危机的大宋朝廷。

皇城大内正南门宣德门前，御街西侧宰相衙署政事堂中，宰相同中书门下平章事、昭文馆大学士庞籍，副宰相参知政事刘沆、梁适，枢密使王贻永、高若讷，枢密副使王尧臣、狄青正在议事。按照当时制度，这七个人合称宰执，是朝中最高决策层。

庞籍居中而坐，他今年六十五岁，比十年前在延州时苍老了不少。按照北宋制度，本来应该有两位宰相，但目前只有庞籍一人，他肩上的压力可想而知。只见庞籍眯着眼睛，缓缓开口道："今年五月，侬智高占据广南西路邕州（今广西南宁）僭伪称帝，现今兵围广南东路广州。前日接到战报，我军水师烧毁侬军战船，取得一场大胜。未知广南形势会怎样变化，诸公可有高见？"

梁适叉手回话道："我朝在广南疏于防备，有些城池城墙破损，有些城镇兵不满百，故此被侬智高偷袭得手。此前朝廷已起用余靖等熟悉两广情况的官员去广南整顿军务，想来不久侬智高必然兵溃就擒。"

高若讷看了眼梁适，开口道："梁参政此言差矣。侬智高占领邕州后，一个月攻下九个州郡，其军绝非乌合之众。据报，侬军在广州城外裹挟大量百姓，现今人数已达三万以上。"

众人听了这个数字皆是一惊，庞籍睁开了眼睛，叹道："侬智高不过广源州（今越南高平广渊）蛮首领，才智、军力不比西夏元昊，竟然能横行广南二路，吏民深受其害。必须采取方略，不能令战火蔓延。"

梁适回看了一眼高若讷，转头对庞籍说道："侬智高举事，靠的是广南大姓豪酋支持，他没有胆魄和条件北上荆湖。为今之计，一则要加重前线军政统帅威权，二则可调陕西、河东久经战阵的将佐前往广南，三则需遣使安抚广南各地部落土著。多管齐下，侬智高可破。"

庞籍点头，道："如此就劳烦梁参政起草奏章，明日面君，据实奏称。"接着又讨论了一些奏章的细节，众人才各自散去。

狄青走出政事堂，王尧臣在后面叫住他，道："汉臣慢走，我有话说。"宋夏战争期间，王尧臣两次被派往陕西视察军情，也向宋仁宗举荐过狄青，两人是旧相识。

狄青转身拱手道："伯庸有何赐教？"

王尧臣道："前几日汉臣出城视察禁军，未入宫面圣，官家让我面喻：可寻医官除去面上黥文。"

狄青微微一怔，说道："官家恩典，狄青能不感激？但我不愿去除黥文，我要使天下军兵知道，只要忠勇报国，即使是行伍黥卒也可获得功名爵位。"

王尧臣赞道："汉臣胸怀，果然不俗，实可钦佩。这番话来日直接回复官家更好。"顿了顿，又道："方才二府合议广南战事，汉臣为何不建言献策？"

狄青道："我入朝时间不长，当以做好本职为先，朝政大事，不敢轻易置喙。"

王尧臣压低声音道："我便给你直说了吧：目前尚空缺一个相位，梁参政和高枢密都虎视眈眈，故此两人议论经常不合。值此敏感时期，我等须小心言多有失。"说罢拱手作别。

随着秋季到来，天气并没有转凉，烈日热风依旧，反倒是雨水减少了，更助长了开封城中的高温。比闷热天气更让人焦躁的是广南战事，七月，侬智高攻广州不下，转攻英州（今广东清远英德）、韶州（今广东韶关）等地，击败狄青旧部、广南东路钤辖蒋偕。战报传入开封，宋仁宗君臣好不气沮。

这时，前陕西路转运使孙沔进京，因为他在陕西时颇有政绩，庞籍便推荐他去广南主持战事。八月，孙沔接到广南东西路安抚使的任命，便向朝廷请求，要求派遣步兵万人、骑兵千人以及将校、文吏若干。梁适当场反对，问道："广南皆是山林河流，骑兵能有何用？"

孙沔答道："因其偏远，骑兵可以长途奔袭，快速抵达，出其不意，击溃敌人。"

梁适便掰着指头给孙沔算，广南东路、广南西路兵马共有两万余人，足可对抗侬军，并不缺这一千骑兵。

双方争来吵去，最后只同意派给孙沔禁军两个指挥共七百人。

狄青在旁边看着双方辩论，心中只是苦笑。

送走了孙沔，狄青一边想着广南战事，一边走回枢密院，刚刚坐定，衙吏进来禀报：有翰林学士曾公亮、蔡襄，前来拜望。

狄青并不认识这两人，当即起身相迎。曾公亮、蔡襄步入屋中，三人互相拱手致意。狄青请二人坐下，吩咐衙吏看茶，然后问道："未知二位学士前来，何以教我？"

曾公亮、蔡襄都是典型的文士。曾公亮年龄

大，先开口道："此番冒昧叨扰，实是为了广南战事，敢问狄太尉：我军在广南一败再败，原因何在？"

蔡襄在一旁补充道："狄太尉有所不知，曾学士此前受命编纂《武经总要》一书，详述本朝武备之事，故此我等前来询问。"

狄青犹豫了一下，才答道："既然如此，我当据实相告。我军交战不利，皆是因为将兵隶属关系不清，加之赏罚不明。如果做到将兵相知，奖罚公正，自然可以百战百胜。"

曾公亮和蔡襄对望一眼，又问道："我听闻侬军使用标牌兵，居中一人举藤牌大盾，两边各一人执标枪，远则投掷，近则举盾。我军无法破解这个队形，因此不能抵挡。狄太尉可有良策？"

狄青早就思考过这个问题，立刻回答道："此阵的关键，在于三人配合，故必须打乱侬军队形。侬军标牌兵是步军，只要派出马军骑兵，便可轻易攻破此阵。"

蔡襄口中称善，曾公亮却道："但是广南之地多山川河流，平地很少，骑兵如何作战？"

狄青道:"能够驰骋山地的骑兵,原是有的,只是不知将领能否指挥得当,还有朝廷能不能派他们上阵。"

三人一时无语,各自陷入沉思。

2

很快到了九月,前线败报接踵而来:广南东路都监张忠兵败殉国,广南东路钤辖蒋偕遇袭战死,侬智高进攻昭州(今广西桂林平乐),广南西路钤辖王正伦城破身亡,百姓逃入山中洞穴,被火烧死甚众。

这天,垂拱殿上的气氛异常压抑。宋仁宗今年四十三岁,在位三十年了,近年来的战事、新政、叛乱,使他疲于应付,自觉精力已大不如前。他看着庞籍等一干宰执们,问道:"近日有人上奏章,建议封侬智高为邕州等地节度使,这样广南之地可以不战而定。卿等以为此策可行否?"

庞籍没有说话,梁适上前一步,奏道:"如果施行此策,则广南之地非朝廷所有矣!"

宋仁宗眉头一动，微微点头，前车之鉴犹在眼前，绝不能允许南方再出现一个西夏。想到这里，宋仁宗说道："前者差遣孙沔、余靖等人赴广南，却师久无功。"说着，他的目光越过庞籍等人，望向了站在众人身后的狄青："前者有韩琦、范仲淹、庞籍诸卿抵御西夏侵扰，此后有文彦博平定贝州叛乱，而今广南作乱，却无人为朕分忧吗？"

庞籍察觉到宋仁宗的意思，便说道："臣保举枢密副使狄青，才具器识，可堪重任。"

狄青闻言身躯一震，自己期盼许久的统领大军、独力作战的机会，就在眼前了。他刚想答话，忽然看到王尧臣朝自己使了个眼色，心头一动，话到嘴边又改口道："臣尽忠王事，在所不辞。然出征广南事关重大，容臣筹划周详，明日具章奏陈。"

宋仁宗颔首同意，鼓励道："卿乃朕之关张，忠勇可嘉，然贼人狡黠，广南又有瘴气，此行的确需要通盘考虑，不可大意。"

散朝后，狄青随众人出了垂拱殿，先过去感谢庞籍的举荐。庞籍嘱咐道："广南山川地理、风土人情皆不同于陕西、河北，此去不可大意，切勿辜负圣恩。"

梁适插话道："汉臣若决定前往广南，当与孙沔、余靖诸公会商进兵事宜，切忌自恃勇武，贪功冒进。"

高若讷也说道："汉臣有什么要求，尽可提出。"

王尧臣站在宫门墙角，待众人离去，才过来与狄青说话，问道："汉臣可想过此去广南的后果吗？"

不等狄青答话，王尧臣继续说道："汉臣此去广南，或者胜，或者败。若败，则酿成宋夏对峙的局势，汉臣你就是下一个范伯纯、夏子乔。问题是，胜了会是怎样？"王尧臣说的范伯纯是范雍，夏子乔是夏竦，他们都因为在宋夏战争中失利而被罢黜。

狄青不解地问道："获胜有何不好？"

王尧臣说道："韩稚圭、范希文在陕建功，入朝升为枢密副使，文宽夫平定贝州，还朝后出任宰相。所以，汉臣你若在广南取胜，就可能升任枢密使。"王尧臣说的是韩琦、范仲淹、文彦博，他们都因为军功获得晋升。

狄青讶然道："我从未想过升官赏爵之事。"

王尧臣道："身在朝堂，你不想，别人早都替你想了。总之汉臣此去广南，战败，则前途、威名毁于一旦；战胜，则卷入梁参政、高枢密的相位之争。"

此刻狄青的脑袋嗡嗡作响，他哪里想过，远征广南，竟会牵涉到这么多朝廷政争。

王尧臣朝狄青拱手道别，说道："汉臣有才智，有担当，我相信你会凯旋。然官场诡谲，也希望汉臣能想好后续应对之策。"

狄青谢过王尧臣，内心却泛起波澜：我的最终目标是完成范文正公的嘱托，平定西夏，此生抱负，万万不可止步于广南。

转天，狄青在垂拱殿觐见宋仁宗，他行礼已毕，大声说道："臣出身行伍，当为国征战，报效国家，愿率领陕西蕃落骑兵，取叛贼首级，献于阙下！"

宋仁宗满意地点头，问道："我军在广南屡战不胜，卿有何对策？"

转天，狄青在垂拱殿觐见宋仁宗，他行礼已毕，大声说道："臣出身行伍，当为国征战，报效国家，愿率领陕西蕃落骑兵，取叛贼首级，献于阙下！"

狄青当即答道："侬军擅长登高涉险，而诸将以步兵应战，等于以己之短，击敌之所长，故每战必败。请陛下征调鄜延、泾原、环庆三路蕃落、广锐军中精锐骑兵各五千人，前往广南平叛。"

宋仁宗问道："广南山高林密，河流交错，骑兵如何作战？"

狄青说道："蕃落骑兵长期在横山作战，擅长山地行军。臣旧日在陕西统率蕃落军，军兵们熟知臣的战法。故此臣有把握战胜侬智高的标牌军。"

宋仁宗颔首同意，说道："广南之事，赖卿谋划，勉之慎之。"当即下诏，彰化军节度使狄青加官宣徽南院使，出任荆湖南北路宣抚使，提举广南东西路经制盗贼事。

狄青回到枢密院，立刻向陕西各路发出文书，征调孙节、张玉、和斌、杨文广等旧部，命他们挑选蕃落、广锐军精兵，前往潭州（今湖南长沙）汇合。接着选派随军禁军将领，他的结义兄弟贾逵已经从陕西调回开封，正在禁军中任职，狄青立刻召他来帮自己调集军粮、装备。经过数天不眠不休的筹划，各项军令陆续发出。转眼到了十月初，狄青安排好各项事务，整装待发。

3

十月初八，宋仁宗亲自在垂拱殿为狄青置酒饯行。狄青从内侍手中接过御酒，一饮而尽，然后说道："秦汉以来，军中一直是割取敌人头颅记功，军兵往往争抢首级，甚至贩卖首级。希望能禁止此项制度，胜则全军有赏，败则全军受罚，不再鼓励军兵个人功劳。"

宋仁宗微笑着望着狄青，说道："善。卿此去广南，不再加派内侍或文官为副手，由卿全权指挥大军。朕随后将下诏，自孙沔、余靖以下文武官吏，全部受卿节制。"

狄青心中一阵激动，这意味着自己在前线可以不受约束，这是朝廷对自己的信任。狄青再次向宋仁宗拜谢。

狄青退出垂拱殿，来到城外校场。只见出征的两个指挥近一千人马，列队整齐，衣甲鲜明，正在等待他的号令。狄青登上高台，朗声道："广南贼寇侬智高，劫掠城池，裹挟百姓，杀戮官军，罪不可赦！我奉上命征讨，令旗所指，有进无退。诸军唯遵将令行事，有畏敌退缩、辜负皇恩者，一律军法处置！"众军齐声领命称喏。

狄青又举起手中一张空白的诏令，说道："官家赐下空白委任状一百道，以及许多锦袄、黄金，我军凯旋之时，这些委任状上必将填上立功将士的姓名。至于委任状上是什么官职，能得到多少锦袄、黄金，就要看诸位在广南取得怎样的功劳了！"三军听了，欢声雷动。

接着，狄青挥动令旗，指挥军队开拔。

出了开封向南走官道，从京西北路信阳军（今河南信阳）进入荆湖北路，前往荆湖南路的潭州。狄青每天只行二十五里，遇到递铺便扎营，经过州城，还要休整一天。狄青就利用这些时间，宣讲军纪，传达号令，演练军阵。这一天傍晚，军队在一处递铺扎营。狄青布置军兵站岗巡逻，严密防卫，就像已经抵达战场一样。

夜深了，狄青房中依然闪烁着油灯的光亮。贾逵手中抓着一沓文书，匆匆来到狄青房门前。

狄青披着大氅，正坐在书桌前读书。

贾逵一进屋，便急切地说道："刚接到广南传来的急脚递文书：数日前，侬智高再度出兵，余经略引兵避战，宾州（今广西宾阳）、邕州相继被侬军攻入。"贾逵口中的"余经略"就是知桂州兼广南西路经略安抚使余靖。

狄青并不吃惊，他放下手中的《春秋左氏传》，接过文书翻看几眼，道："余经略军马不多，贸然接战，恐难取胜，只得避战等待大军。只是苦了宾州、邕州百姓。"

贾逵说道："二哥，咱们的行军速度太慢。以前蒋偕、张忠等将，接到诏令数日间便奔赴广州迎敌。我们走走停停，岂不贻误战机？"

狄青看着贾逵，忽然想起了当年范仲淹开导自己的场景，心中一阵感慨。当下正容说道："三弟，作战切忌求急。蒋偕、张忠等将是去广州防守，而我们是要荡平侬军，任务不同，策略也不同。广南之战，军势、士气、号令，这些条件缺一不可。为兄放缓行军速度，一是为了等待陕西诸军，二是趁机严明号令，操演队伍。到了战场上，这数千骑兵就是可以倚重的虎贲之师。"

贾逵说道："如此说来，这数千精兵，以后能带动广南战场上的数万大军？"

狄青伸手抓起书桌上的《春秋左氏传》递给贾逵，说道："三弟，范文正公当年勉励我读《春秋左氏传》，我现在也把这本书交给你，希望三弟在广南战场上，眼界、格局能更进一步。"

贾逵接过书，重重点头。

狄青缓缓进军，到十一月，终于进入潭州。没过几天，陕西旧部下孙节、张玉、和斌、杨文广等人率领的蕃落、广锐军二十个指挥，也陆续抵达。狄青麾下精兵云集，尤其是和斌率领的蕃落骑兵四个指挥，两千匹战马龙腾虎跃，气势如虹。

这天，在狄青的大帐中，贾逵、孙节、张玉、和斌、杨文广等人聚集一堂，讨论军情。和斌说道："这次南来，遵照狄宣徽将令，多选擅使连枷棒的骑兵。待到对阵标牌兵时，我蕃落骑兵走马舞棒，必能击破敌阵。"连枷棒也叫铁连枷，是一种大号双节棍，在马上甩动，前半部分可以打弯，击中盾牌后面的敌人。

狄青说道："虽然骑兵装备了连枷棒，奈何总数不多。抵御侬军标牌兵的主力还是步卒，近战如何破敌，还需要仔细斟酌。"

孙节的副将刘几答话道："宣徽放心，孙巡检已经知会诸军，携带掉刀大斧，定可砍开盾牌，杀入敌阵。"

狄青赞许地看了眼孙节，正要再问，有军吏禀报：荆南钤辖王遂求见。狄青立刻招呼他进来。王遂步入屋中，向狄青行揖礼，说道："禀狄宣徽，下官近来设计出一种拐枪，可破标牌兵。请宣徽验看。"

狄青心头一喜，忙与众人一同走出大帐。只见帐外站立四人，三人持大盾、标枪，摆出侬军标牌兵的阵形。另一人手中擎着一支造型怪异的长枪，枪头比普通枪长出一截，枪杆尾部有一个横拐。

王遂走到院中，端起那支怪枪，说道："这支拐枪，枪头长二尺五寸，杆长四尺。普通长枪一般是七尺到八尺长，这柄拐枪短了一尺，为的是贴身近战。"说罢，王遂将拐枪交给部下。四个人就在院中演练起来。

狄青发现，拐枪刺出、格挡，比普通长枪更迅捷，枪杆尾部的横拐也使得枪头更稳定，能够轻易突破标牌兵的格挡。

狄青伸手接过拐枪，左右刺出，颇觉顺手好用，当即问道："现在打造了多少支拐枪？"

王遂说道："目前已有百余支。"

狄青说道："马上行文荆湖南路转运司调集人手、物资，请王钤辖督工，务必在一个月内打造出一千五百条拐枪，送往广南前线。事成之后，记大功一件。"

王遂见有伯乐认可自己，大声称喏。

狄青望向众将，朗声说道："诸将听令，我军明日自潭州启程，直趋广南。有抢百姓一把菜蔬者，斩！有不按队列行进，任意进出营寨者，斩！有喧哗嬉戏，不遵将令者，斩！"

众人齐声称喏，将号令传遍全军。接着大军开动，向广南进军。

鏖战昆仑

1

十二月，狄青率军进入广南西路首府桂州（今广西桂林），与孙沔、余靖两位广南前线统帅合兵。余靖曾经担任过知制诰，负责替皇帝草拟诏书，八年前曾坚决反对狄青知渭州。孙沔则是范仲淹的亲信，半年前范仲淹在徐州病逝，就是孙沔照料一应事务。两人都是进士出身的文官，与出身军旅的狄青相比，在为人处事方面颇有不同。

此时，侬智高主动向邕州收缩兵力，据险防守，打算拖到天气转热。宋军久攻不下，难耐酷暑，自然撤兵。

狄青与孙沔、余靖相见，商议军情。余靖先说道："侬智高现在退守邕州，本月初广西钤辖陈曙率军八千攻击昆仑关，可惜遭侬军偷袭，损失两千，现已退回宾州待命……"

狄青问道："我在来广南途中，已下令不许出击，陈曙为何出兵？"

余靖道："我广南将兵求战心切，且官家圣旨写的是要孙学士与我合兵后，听狄宣徽节制，既然尚未合兵，或可通过奇袭，打通前往邕州的进兵路线。"

狄青默想，自己统辖兵马一万一千人，孙沔的兵马约一万，余靖只剩下六千多人，人数不到三万，比侬军人少，而且又遭遇一场大败，现在宾州的六千多残兵恐怕已经没有士气再战了。

见狄青沉默不语，余靖又道："宣徽勿忧，我军虽新遭败绩，但有强援将至。前不久交趾遣使来说，愿派军助战，我已上报朝廷。有交趾这些兵马，何愁侬智高不破？"

狄青听了眉头皱得更紧，见孙沔在一旁摇头，便问道："孙学士对交趾派兵助战一事，有何看法？"

孙沔说道："此事不可行。允许交趾进兵，如同又来一侬智高，而今广南州县残破，百姓流离，如何防范交趾兵马？"

余靖想要争辩。狄青说道："交趾此前就不能平定侬智高，此次恐怕是借征讨侬智高，觊觎我广南土地人口。"

这时，军吏来报：荆南钤辖王遂押送拐枪来到桂州。狄青大喜，当即下令将拐枪分发给各步军将领，督促军兵抓紧时间练习。接着，狄青开始整编广南部队，他发现孙沔、余靖手下将领因屡战屡败，士气不振，便召来贾逵，商议了个提振士气的办法。

经过十几天的准备，广南部队重新编组已毕。狄青下令起兵开赴宾州。从宾州再向南，以昆仑关为界，就是侬智高占据的邕州了。大战一触即发。

狄青率军出了桂州南城门，没走上十里，路旁出现一座庙。狄青坐在马上，转头问身边的广南军兵："此为何庙？"

军兵们回答："回宣徽，此为龙泉寺，内中有龙祠。有求必应，甚是灵验。"

狄青一听，勒住缰绳，道："过庙不可不拜，全军暂停前进，众将官随我入庙，祷告此战获胜。"说罢下马，带领十余名将领步入庙中。狄青来到龙祠，跪倒祷告。众将领站在院中，鸦雀无声。

半晌，狄青起身，转身对大家说："我祷告神灵庇佑，希望此战大获全胜。现在咱们就看看神灵是如何说的。"

狄青召唤人群中的贾逵，说道："取一百铜钱来。如果此战会取得大捷，抛撒的铜钱，都是正面朝上。"

众人一惊，孙节压低声音说道："宣徽不可，万一不能如愿，反而影响士气。"狄青看了看他，却一言不发。

贾逵已经递过铜钱，狄青双手捧起，向空中一扬，铜钱落满院中。在场众位将领和士兵纷纷低头查看，那些铜钱竟然全部是正面朝上。人群中发出一阵欢呼。尤其是广南将领特别激动，纷纷跑到庙外告诉麾下将士，神灵庇佑，此战必胜。庙外也响

在场众位将领和士兵纷纷低头查看，那些铜钱竟然全部是正面朝上。

起阵阵欢呼。

狄青吩咐亲兵取钉子将铜钱钉在地上，亲自用青纱覆盖，然后再向龙祠祷告："凯旋之后，再来偿谢神灵，取回铜钱。"说罢大踏步走出寺庙。

狄青看到全军将士信心百倍，个个跃跃欲试，不禁微微一笑。他翻身上马，招呼全军出发。

2

从桂州向西南行四百里到柳州，再走三百里到达宾州，此时已经是皇祐五年（1053）正月初一日。一入城，狄青就下令征调十天军粮备用。宾州城不大，但驻扎了两万多军队，人喊马嘶，增添了许多生气。

进城五天后，正月初六清晨卯时初，寒风瑟瑟，狄青升坐州府正堂，孙沔、余靖以下文武官员皆列坐堂中。狄青目光扫视全场，道："我奉旨南征，严令各部不许妄动，然上月初广南钤辖陈曙出兵战败，折损人马两千、物资无数。不遵将令，军纪不严，所以兵败。"

陈曙战战兢兢地站起来，狄青下令将陈曙属下数名将校带上大堂。狄青看着他们，说道："我已查清，陈曙统率无方，军兵彻夜聚赌，将校未战先退。违令出战，怯敌战败，数罪并罚。当斩！"

话音刚落，一队亲兵走到堂上，将陈曙等人分别绑了。狄青看着陈曙，徐徐说道："铃辖后事，不需挂怀，一切由我承担。"说罢一挥手，陈曙等人随即被推到廊下。

陈曙等人大声求饶，但是无济于事。他们很快被带到街市，当着全城居民、军兵的面，斩首示众。

孙沔和余靖对视一眼，两人都已脸色煞白。此时此刻，二人才知狄青治军之严。

接着，狄青开始整编队伍，陈曙的六千残兵交由余靖统辖，又从孙沔的部队中选拔出四千精兵，划归贾逵指挥。

孙沔想打破堂中的压抑气氛，问道："敢问宣徽，我军何时开拔？"

狄青道："还有九天，便是正月十五上元节，全军一路行军，人困马乏。待上元节后，再择日出征。"

孙沔、余靖等领命退出。很快宾州军民都知道了，大军要在城中过上元节。早有细作把这个消息报给侬智高。

没想到的是，就在当天定更（相当于现在晚上十九点）时分，狄青突然发出号令：今晚二更（相当于现在晚上二十一点）造饭，三更出征，自己率军在前，孙沔居中，余靖在后，全军不着盔甲，丢下辎重，务必一日一夜抵达昆仑关。宋军立刻行动，将盔甲辎重交给民夫搬运，在第二天夜间顺利抵达昆仑关下。

侬智高接到消息大吃一惊，匆忙从邕州率军出发，来救昆仑关。

侬军连夜进军，宋军却休息了一夜，天亮后，后勤辎重陆续抵达。孙沔、余靖等人来到狄青大帐前，听候命令，谁知日上三竿，也没见到狄青的身影。

众人正在纳闷，一名军吏飞也似的跑进来："禀孙学士、余经略：狄宣徽已在昨夜晚间率先锋部队突破昆仑关，现在关外扎营，请孙学士、余经略速率本部兵马过关，狄宣徽在帅帐中等候各位前往会食。"

孙沔、余靖都吃了一惊，不敢耽搁，忙招呼本部兵马过关来见狄青。

狄青站在营帐门口欢迎孙沔、余靖等人，此时，孙沔、余靖对狄青的用兵已经心服口服，恭敬地行揖礼。狄青叉手还礼，然后手指西南，对孙沔、余靖及贾逵、孙节等将领说道："此去邕州两百余里路程，沿途随时可能遭遇侬军。望诸位同心协力，随我会战侬智高，为官家分忧，为广南百姓解难。"

众人都钦佩地看着狄青，大声称喏。大军稍作休整，向邕州进发。

3

宋军走出昆仑山，行进到归仁铺。狄青举目四望，只见这里背靠高坡，坡下一片开阔地。他甚是满意，下令全军集结，准备在这里迎战侬智高。孙沔、余靖、贾逵、孙节、张玉、和斌、杨文广等将迅速赶来听令。

狄青环顾众人，说道："侬军已在途中，我军就在此地列阵迎敌。前军分为三阵，张玉居中，孙节居右，贾逵居左。孙学士所部为接应，余经略所部为合后。"众人叉手称喏。

狄青又望向和斌、杨文广，说道："和斌、杨文广各领一千蕃落骑兵，藏身在孙学士部队两侧，看我白色令旗行事。"和斌、杨文广叉手称喏。

孙沔奇怪地问道："敢问宣徽，一路行来，未听到蕃落骑兵马蹄声，不知这两千骑兵是否已到战场？"

和斌道："孙学士有所不知，宣徽早已下令，将马蹄裹上毡垫，以避侬军斥候侦查。"

狄青威严地说道："闲话战后再叙，各部抓紧时间休息，严守阵地。交战时，不听令行动者，斩！"

众人齐声称喏，各回本部。

此时，侬智高已经知道宋军在归仁铺列阵。他发出号令，全军列为三锐阵，形成左中右三个锥形，迫近归仁铺。

正月里的白色阳光，静静地照着归仁铺。宋军正对面的地平线扬起烟尘，接着泛起一道红色的人浪，然后出现了许多面彩旗，鼓声、呼喊声越来越近。军兵们知道，这是侬智高率军抵达战场了。

侬军停在宋军对面百步之外，再向前，就进入宋军弓弩手的有效射程了。宋军在北，穿红色、紫色军服，罩着铁黑色的重甲，侬军在南，穿红色军服，外罩皮甲和藤甲。双方能依稀看到对方手中刀剑的亮光。

从侬军阵中走出几个僧道打扮的人，或跪或跳，在阵前做起了法。其中一个道士正对着宋军右阵，他不画符念咒，只是手指宋军大骂。宋军右阵主将孙节拿过一把劲弩，一箭将道士射倒。宋军发出一阵欢呼。

这时，侬军阵中传来一阵号角声，这是进军的信号。三个锥形阵开始向前移动。宋军弓弩手立刻放箭。侬军支起一人高的藤盾，护住身体，冒着箭雨持续推进。九十步、八十步、五十步、二十步，侬军一步步逼近宋军……他们的左翼与宋军右阵最先接触，标牌兵靠近宋军，立刻组成三人队形，藤盾居中，两侧刺出标枪，将来不及变阵的宋军当场刺死。

孙节见前面两排弓弩手纷纷被侬军刺倒，连忙大声招呼枪手上前，又命令弓弩手后退。见宋军阵形不稳，他抽出拐枪，带领一队亲兵杀向标牌兵。瞅准敌人标枪从盾牌一侧刺出的瞬间，孙节弯腰将拐枪送入标枪与藤牌的间隙。拐枪刺中藤牌后面的标枪手手臂，标枪跌落。借着这个机会，孙节跨步转到藤牌一侧，飞速出枪，将藤牌后面的三个侬军军兵刺死。

孙节奋战之际，许多手执拐枪、大斧、掉刀的宋军冲到标牌兵面前，或用拐枪攻击藤牌后面的侬军，或挥刀砍脚，或用大斧劈碎藤牌。宋军右阵的混乱迅速安定下来，侬军左翼锥形阵一时受阻。

孙节见形势有利，大声招呼部下前进，自己却不知不觉冲入到标牌兵阵中。他的活跃早就引起了侬军的注意，四组标牌兵迅速围拢，把孙节与其他宋军隔绝开来。身后一支标枪扎进他的大腿，孙节身体一软，单膝跪地。刹那间，又有三支标枪刺入他的后背。

孙节战死的消息迅速传给狄青。狄青心头一震，但是面色不变，大声传令："副将刘几指挥右阵，为孙巡检报仇！"

陕西兵将果然身经百战，看到主将阵亡，却没有慌乱，反而迸发出更大的斗志，抵抗住了标牌兵的进攻。

狄青的目光依次扫过中阵、左阵，他突然发现，左阵竟然撤离了原来阵地，向后方山坡退去了。狄青心中暗叫：三弟！你竟然畏敌避战！？

4

此时，贾逵正指挥四千兵马后退。他一看到侬军右翼持盾前进的阵势，立刻意识到自己率领的广南兵抵挡不住。贾逵略一思索，决定避开标牌兵的第一次冲锋。

他招呼部队保持队形，向后面山坡撤退八百步。副将上前提醒道："都监，宣徽有令，不得擅自行动。"

贾逵一言不发，一挥手，左阵全军后队变前

队，撤到了山坡上。

左阵后撤，宋军中阵的侧翼暴露出来。侬军右翼冲到阵前，锥形阵转向，开始攻击中阵。幸亏张玉骁勇善战，一把铁简舞动如飞。中阵军兵都是陕西来的精锐，同时抵抗侬军两个方向的进攻，仅仅稍稍后退，阵形依然不乱。

就在这时，贾逵高声叫道："桂州龙祠神明显灵了！标牌兵把侧翼暴露给我们了，取胜机会就在眼前！全军将士，随我冲！"说罢一马当先，率军冲下山坡。

宋军左阵发一阵嘶吼，从山坡疾冲而下。四千人的队伍声势巨大，竟然一举将侬军左翼断为两截，标牌兵阵形大乱。

就在这时，狄青手中举起白色令旗。随即响起一阵急促的鼓声，从宋军断后准备接应的孙沔部两侧，冲出两支骑兵，他们如旋风一般，从左右两侧冲杀到标牌兵身后。

侬军都是步军，从未见过如此规模的骑兵，一时间不知如何应付。只见蕃落骑兵奔走呼啸，不断用手中连枷棒击打标牌兵，标牌兵无法举起巨大的藤盾护顶，又跑不过骑兵，纷纷倒地。

狄青手中白旗舞动，右侧骑兵冲杀到左侧，左侧骑兵冲杀到右侧，然后又掉头反向杀回。

侬军右翼前阵被张玉中阵和贾逵左阵围住截杀，后阵受到骑兵冲击，彻底陷入混乱。

侬军剩余的两个锥形阵，既攻不破宋军右阵和中阵，又失去了右翼，军兵们也丧失了斗志，或者逃跑，或者投降。

狄青抓住时机，令孙沔、余靖所部压上，全军开始冲锋。

侬智高眼见战事不利，知道败局已定，只得掉头奔回邕州。

宋军在后面掩杀。黄师宓、侬智忠等五十七名侬军将领死于乱军之中。一仗下来，侬军被杀两千两百多人，被俘五百多人。

狄青乘胜展开追击，当天夜间，大军进逼邕州城。

侬智高见军民四散奔逃，全无斗志，便在城中放火，趁乱逃亡大理。

天光大亮，狄青整兵入城。贾逵走进帐中，跪倒在狄青面前说道："末将未请示宣徽，擅自调动军阵，罪不可赦，请宣徽处置。"狄青军法严格，众人无不替贾逵捏了一把汗。

狄青离开座位，走到贾逵跟前，说道："你虽然违令，但是获得胜利，这是战场随机应变，何罪之有？"众人听了，纷纷称赞狄青治军有方。

狄青一战击破侬智高，收复邕州，释放被侬军裹挟的百姓，缴获物资无数。宋军在城中发现一具身穿金龙衣的尸体，以为是侬智高，回报狄青。狄青却不信侬智高已死。派杨文广统兵深入大理，继续追击。

狄青下令收集阵亡兵将遗体，埋葬在邕州城外。狄青亲手擦洗孙节的尸体，痛哭失声。随后，狄青将前线军务交付余靖，全军班师，启程回京。

大军一路北上，行至桂州城南龙泉寺，狄青下马，带着众将再次走入龙祠，只见来时钉在地上的一百铜钱还在。狄青依然默默祷告，献上供品，然后叫亲兵把铜钱取下。

有人好奇，偷偷拿铜钱查看，发现这些铜钱两面都是正面，这才恍然大悟。

狄青走出龙泉寺，向邕州方向回望，心中想着：如果归仁铺一战的对手是西夏骑兵，我该如何应对？

他不知道的是，此时的朝堂上，已经有暗流在涌动。

5

皇祐五年（1053）四月初三，天刚蒙蒙亮，开封城内外军民百姓一涌而出，从城门一直排到宫城大内南门宣德门，个个翘首盼望。

城门打开，一队蕃落骑兵率先进入城中，领队将领正是和斌。百姓们对着骑兵们手中的连枷棒指指点点。接着是一队步兵，带队将领正是张玉。后面是一杆大纛旗，上写着："彰化军节度使宣徽南院使荆湖南北路宣抚使提举广南东西路经制盗贼事狄。"旗杆下，一名将官坐在马上，金甲黑袍，目光如炬，不怒自威，正是狄青。在他身后紧跟着贾逵等文武官员。今天正是南征将士的凯旋入城式。

百姓们的目光追随着狄青，人群中不时发出阵

　　城门打开，一队蕃落骑兵率先进入城中，后面是一杆大纛旗。
今天正是南征将士的凯旋入城式。

阵欢呼声。军民对狄青的崇拜之情，已经超过了多年不上战场的老将王德用。

狄青率队在宣德门前停下，领着立功将领和官员从掖门步入宫中。在通事舍人引领下，一行人走上垂拱殿。宋仁宗端坐在殿上，设宴为狄青接风。

狄青先两拜，再舞蹈，然后三拜，奏道："圣躬万福。"再次两拜，开口奏道："臣奉旨南征，仰赖陛下之威，三军用命，歼灭贼寇，收复失地，幸不辱命，还朝交旨。"说罢将圣旨和战报双手交给通事舍人，通事舍人接过，交给内侍宦官。然后将狄青引到一旁几案边就座。

宋仁宗吩咐赐御酒，狄青再次起身跪谢，双手接杯，一饮而尽。

宋仁宗嘴角含笑，说道："卿在前线，为国征战，朕心甚念之。"

狄青率领麾下再拜，又详细回奏广南战事。宋仁宗和众臣听了，无不称赞。

欢宴已毕，狄青率领麾下文武官员又拜两拜，舞蹈，退出殿外。

很快，宫中内侍传唤狄青、孙沔等高级官员参加后苑饮宴。其他贾逵等将领由宰相庞籍出面，在高级馆驿都亭驿设宴款待。至于蕃落军等部队军兵，则由枢密院发下酒食，在营地欢饮。

随后一个月，各种饮宴、庆祝持续不断。一转眼到了五月。这一天，在枢密院一间廊庑内，狄青和王尧臣相对而坐。王尧臣上下端详狄青，突然说道："大半年未见，汉臣脸上的黥文愈发光亮了。"

狄青差点笑出声，板着脸道："也奉赠伯庸两行如何？"

王尧臣忙摆手，道："我的笔墨还是留着给官家写奏章吧，就不要在脸上浪费了。"两人哈哈大笑。王尧臣虽是状元，性格却很随和。

王尧臣收住笑，说道："我听闻你带领蕃落骑兵入宫，为官家排演阵势。麾下士卒呼喊嚎叫，走马放箭，惊扰了圣驾，但是官家无一句责备，可见宠信之深。"

狄青点点头，没有答话。

王尧臣又道："最近又听说禁军军兵拥戴你，尊称你为'狄家爷爷'。"

狄青摇摇头，依然没有答话。

王尧臣忽然问道:"既如此,汉臣为何还不上书请辞?"

狄青问道:"伯庸何出此言?"

王尧臣上身微微前倾,压低声音道:"我听闻官家数次和庞相公讨论,要提拔你为枢密使,这引起朝中文官警惕,他们在背后议论纷纷,说汉臣你有军功,有威望,受宠信,官职高,又当壮年,如此一来……"

狄青不解地望着王尧臣,不知道王尧臣到底要说什么。

王尧臣搓了搓手,道:"汉臣可还记得,你出征前,梁参政、高枢密在争夺相位?而今你已凯旋,对朝廷之事,汉臣可有想法?"

狄青道:"自然是秉中持正,不偏不倚,绝对不涉足朋党。"

王尧臣叹了口气,道:"也罢,我就直说了吧。梁参政劝官家升你为枢密使,罢免高枢密。而庞相公不想你升迁太快,遭受朝中非议。为今之计,不如上表请辞,不受枢密使的任命,避开是非。"

狄青道："多谢伯庸提醒，我不是贪恋权位，只是受范文正公托付西北之事，不能轻易离朝。"

王尧臣道："汉臣听我一言，文臣们觉得宋夏议和，西北之事便已了结，而你以武人之心，认定必须攻灭西夏，此所谓'道不同，不相为谋'。你必将成为众矢之的。"

狄青一怔，自己一心为国，等待时机领兵出征西夏，难道也成了罪过？

王尧臣看了狄青半晌，说道："汉臣，若官家听梁参政之言，你就是梁参政一党，与高枢密结怨，而且你以武将的身份升任枢密使，必然引起朝野非议。"

狄青心中一颤，当年范文正公遭遇党争，请辞离朝，使新政事业付诸东流，自己面对这种处境，又该如何选择呢？

没过几天，宋仁宗果然下诏，罢免高若讷，升狄青为枢密使、孙沔为枢密副使。狄青更加谨慎小心，勤勤恳恳，全心规划西北等地军务。

一晃三年时间过去了，已经是至和三年（1056），这期间，庞籍致仕，宰相换成了文彦博、富弼，狄青的同事也换成了他昔年的偶像王德用。不过宰执们对王德用、狄青两位武人出身的枢密使心存隔阂，很多事情背着他们俩，气得王德用跟狄青抱怨："这些穷措大，把俺俩当成了泥菩萨，真是欺人太甚！"

狄青安慰道："不过是文武偏见，太尉何须动气。"

闰三月，王尧臣升为参知政事，但是到了八月却一病不起。狄青过府看望，进入内室，只见王尧臣面容憔悴，眼神暗淡，已经坐不起来了。

狄青坐到床榻边，与王尧臣一起回忆起当年在陕西时的经历，感叹时间匆促。王尧臣休息了一会儿，忽然说道："我尝听朝中文官私下讨论，都说汉臣你这几年在枢密院没有过失，私德也无可指责。但是本朝文武偏见不可调和，汉臣你熟读《左传》，当知'匹夫无罪，怀璧其罪'的道理。"

狄青说道："这几年来，流传诸如我身穿黄袍、家有异光、家犬长角等谣言。有识之士像文相公，已经斥之为无稽之谈。"文相公就是文彦博。

王尧臣把声音压得很低，几乎像在耳语，说

道："官家一直未有皇嗣，今年初身体不豫，到七月才上朝理政。我此前听闻官家给文相公说'狄青是忠臣'，然而文相公反问：'太祖岂非周世宗忠臣耶？'汉臣……好自为之。"说罢闭目不语。

狄青默默起身退出房间，心头仿佛压上了一块巨石。

狄青不知道的是，此时，宋仁宗已经批准了罢免狄青的诏旨，保留护国军节度使等官职，加同中书门下平章事，出判陈州（在今河南周口）。

狄青心中惶恐，他来政事堂拜见文彦博，想看看文彦博的态度。

二人相见，文彦博看着狄青，沉默许久，一字一句地说道："汉臣，你是当世名将，功劳不小，可朝廷就是在疑你。我大宋朝向来提防武人，这你是知道的。汉臣，你好自为之吧。"

文彦博的话让狄青更加惶恐。他不住地想，自己的功业终究还是不被朝廷文官们认可，官家也不再信任，那么我一直以来的努力，到底是为了什么？

狄青走出政事堂。这时天高云淡，一行鸿雁正飞向西北的长空。狄青念着范仲淹的名字，喃喃自语道："文正公，末将尽力了，可惜苍天弄人，狄青奋战一生，终摆脱不了我朝文尊武卑的偏见。西北的沙场，我可能再也回不去了……"

不久，狄青离朝，赶赴陈州。几个月后，嘉祐二年（1057）二月，狄青嘴角生了毒疮，郁郁而终，终年五十岁。

狄青
生平简表

●◎宋真宗大中祥符元年（1008）

狄青出生。

●◎宋仁宗天圣元年（1023）

代兄担罪，救活乡人铁罗汉。

●◎天圣五年（1027）

出任乡书手，因受人诬告，逃入开封，投军加入禁军殿前司拱圣军。三月，目睹新科进士殿试放榜。

●◎宝元二年（1039）

随军赴陕西延州，驻守保安军。因战功擢升右班殿直。犯军法，为主帅范雍所救。

●◎康定元年（1040）

得到尹洙推荐。范仲淹赠送狄青《左传》，勉励他"将不知古今，匹夫之勇耳！"进兵安远寨、金汤城、芦子平等地，因功升为右侍禁、阁门祗候，泾州都监。

●◎庆历元年（1041）

筑招安城。得到陕西安抚体量使王尧臣举荐。

●◎庆历二年（1042）

晋升西上阁门副使，晋升鄜延路都监。宋仁宗诏令入朝，因西夏进军，改为画图像。宋仁宗观看狄青仪表，称赞："朕之关张也。"十月，升秦州刺史，调任泾原路都监，兼知原州。

●◎庆历三年（1043）

改任泾原路安抚副使。在公使钱案中，得到欧阳修、尹洙等
人的辩护。

●◎庆历四年（1044）

前往水洛城，擒拿刘沪、董士廉等。宋夏达成"庆历和议"。

●◎皇祐元年（1049）

契丹、西夏爆发战争。

●◎皇祐二年（1050）

调回鄜延路，晋升保大军节度观察留后、侍卫司步军副都指
挥使。

●◎皇祐三年（1051）

晋升为彰化军节度使、鄜延路经略安抚使兼知延州。

●◎皇祐四年（1052）

四月，侬智高起事，五月，攻陷邕州，称帝建国。五月，范仲淹病逝。六月，狄青入朝任枢密副使。九月，加宣徽南院使，荆湖南北路宣抚使，提举广南东西路经制盗贼事。十一月抵达潭州，十二月抵达桂州。

●◎皇祐五年（1053）

正月，在归仁铺之战中击溃侬智高军，收复邕州。二月，升为护国军节度使、检校太尉、河中尹兼御史大夫，仍旧为宣徽南院使、枢密副使。四月，返回开封。五月，升任枢密使。

●◎至和三年（当年九月改嘉祐元年，1056）

正月，宋仁宗发病。七月，欧阳修、刘敞、吕景初等上书乞求罢免狄青。八月，狄青罢枢密使，赴陈州。

●◎嘉祐二年（1057）

二月，于陈州病逝，年五十。